TIMO KLEIN

ENDLICH AKTIEN & BÖRSE VERSTEHEN

TIMO KLEIN

ENDLICH AKTIEN & BÖRSE VERSTEHEN

Aktien für Einsteiger: Wie du dir Schritt für Schritt mit Aktien an der Börse ein Vermögen aufbaust

FBV

Bibliografische Information der Deutschen Nationalbibliothek
Die Deutsche Nationalbibliothek verzeichnet diese Publikation in der Deutschen Nationalbibliografie. Detaillierte bibliografische Daten sind im Internet über https://dnb.de

Für Fragen und Anregungen:
info@m-vg.de

5. Auflage 2024

ein Imprint der Münchner Verlagsgruppe GmbH
Türkenstraße 89
80799 München
Tel.: 089 651285-0

Redaktion: Judith Engst
Korrektorat: Silvia Kinkel
Umschlaggestaltung: Timo Klein, Catharina Aydemir
Umschlagabbildung: Shutterstock/Studio Flash
Fotografie des Autors auf dem Umschlag: Maurice Grommes
Satz: Daniel Förster, Belgern
Druck: Druck: CPI books GmbH, Leck
Printed in Germany

ISBN Print 978-3-95972-455-5
ISBN E-Book (PDF) 978-3-96092-860-7
ISBN E-Book (EPUB, Mobi) 978-3-96092-861-4

Inhalt

Vorwort

Sein hart erarbeitetes Geld für nahezu null Zinsen auf dem Sparbuch liegen zu lassen, ist nicht sinnvoll. Das Risiko der Aktienanlage wird häufig überschätzt – denn langfristig bietet die Börse enorme Chancen. Wenn du wissen willst, wie du mehr aus deinem Geld machen kannst, ist dieses Buch genau das Richtige für dich.

In diesem Werk erkläre ich dir, wie du dir Schritt für Schritt mithilfe von Aktien ein Vermögen aufbaust. Du wirst die Grundlagen der Börse kennenlernen sowie einen kurzen Überblick über die verschiedenen Anlageformen erhalten, bevor wir uns intensiver mit Aktien beschäftigen. Du lernst, wie du vielversprechende Aktien auswählst und welche Strategie am Finanzmarkt zu dir passt. Ich zeige dir, wie du dein eigenes Depot eröffnest und Aktien kaufst. Du wirst herausfinden, wann es sinnvoll ist, in Aktien zu investieren und wann du lieber abwarten solltest. Zusätzlich stelle ich dir meine enorm wichtigen, goldenen Regeln zum Thema Aktienhandel vor und erkläre dir etwas über die Psychologie an der Börse. Nachdem du dieses Buch gelesen hast, wirst du bereit sein, in Aktien zu investieren und dir langfristig ein Vermögen aufzubauen.

Dies ist kein Sachbuch allein über Aktien und die Börse, sondern es beinhaltet zusätzlich Informationen über die Psychologie des Menschen und geht auf die Frage ein, weshalb du mit dem Aufbau deines Vermögens beginnen solltest.

1. Einleitung

Manchmal ist es besser, eine Stunde über sein Geld nachzudenken, als eine Woche dafür zu arbeiten.

André Kostolany

Im Jahr 2018 gaben 77 Prozent der Deutschen an, ihr Vermögen in einem Sparbuch, in Versicherungsverträgen oder in Form von Bargeld zu halten. Nur 16,2 Prozent der Deutschen nutzen Aktien oder Aktienfonds für den Vermögensaufbau.* Ich habe mir folgende Fragen gestellt: Warum ist das so? Warum machen die Deutschen so wenig aus ihrem hart erarbeiteten Geld? Warum lassen sie es auf dem Sparbuch liegen, wo ihr Vermögen in Wahrheit schrumpft (dazu später mehr), obwohl beispielsweise die Börse so vielfältige Chancen und langfristig eine stabile Rendite von 6,8 Prozent bis 10,9 Prozent pro Jahr bietet? Wo erhältst du heute noch so viel für dein Geld?

* Deutsches Aktieninstitut 2019.

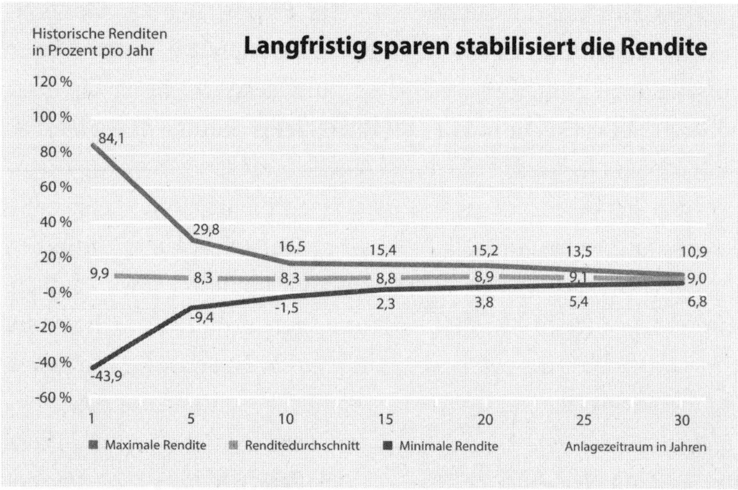

Quelle: Deutsches Aktieninstitut 2019

Nur rund 11 Prozent der 14- bis 39-jährigen Deutschen gaben 2019 an, Aktien zu besitzen.* Dabei ist es von enormer Bedeutung, so früh wie möglich mit privaten Investitionen anzufangen, da sich die Aktienanlage besonders langfristig gesehen auszahlt.

Aus meiner Sicht ist das Problem lediglich auf einen Informationsrückstand zurückzuführen. Die Menschen sind uninformiert, haben Angst vor Verlusten, erhalten von ihren Bankberatern mangelhafte Ratschläge oder wählen schlichtweg eine unpassende Anlagestrategie. Dieses Problem werden wir mithilfe dieses Buches lösen, da ich dir die Welt der Börse und der Aktien sowie deren Möglichkeiten und Risiken Schritt für Schritt erklären werde.

---

* Deutsches Aktieninstitut 2020.

Zum Einstieg ein Beispiel aus der Praxis, um die Möglichkeiten zu veranschaulichen. Tom hat im Jahr 2007 zehn Aktien von Amazon zum Kurs von je 52 Euro gekauft, die er bis 2017 behalten hat. Phil hingegen hat vor zehn Jahren den gleichen Betrag (520 Euro) auf sein Sparkonto gelegt und dieses ebenfalls bis heute dort liegen lassen. Für Phil gab es in den zehn Jahren im Durchschnitt 1,13 Prozent Zinsen auf das Guthaben im Sparkonto.* Die Zinsen hat Phil sich nicht auszahlen lassen, sondern zusätzlich auf das Sparkonto gelegt und dadurch wieder verzinst. Beim Zinseszins wird das durch Zinsen erhaltene Geld weiterhin angelegt und dem Sparkapital hinzufügt. Die angelegten Zinsen werden daraufhin erneut verzinst. Nach zehn Jahren hat Phil mit einem durchschnittlichen Zinssatz von 1,13 Prozent auf diese Weise einen Betrag von 582,42 Euro angespart (Ertrag = 62,42 Euro) und damit eine Gesamtrendite von 12 Prozent erzielt.

$$\text{Rendite} = \frac{\text{Endkapital} - \text{Anfangskapital}}{\text{Anfangskapital}} \times 100$$

Diese Variante war wahrscheinlich besser, als das Geld für Zigaretten auszugeben. Aber wäre da nicht noch mehr möglich gewesen?

Vergleichen wir Phils Vorgehen mit dem von Tom, der zehn Aktien von Amazon gekauft hatte. Eine Aktie von Amazon war nach zehn Jahren (2017) 1.100 Euro wert (mittlerweile circa 2.600 Euro). Aus 520 Euro wurden bei Tom also innerhalb von zehn Jahren 11.000 Euro (Ertrag = 10.480 Euro). Wenn wir die Rendite-Rechnung von oben noch einmal anwenden, kommen

* www.Statista.de 2019: Entwicklung des durchschnittlichen Zinssatzes für Spareinlagen in Deutschland.

wir auf eine durchschnittliche Rendite von etwa 35,7 Prozent pro Jahr und eine Gesamtrendite von 2.015 Prozent.

Wärst du lieber Tom oder Phil?

Natürlich ist ein Unternehmen wie Amazon ein Extrem-Beispiel, da es in den vergangenen Jahren ein enormes Wachstum verzeichnen konnte. Dennoch siehst du an der Abbildung des deutschen Aktieninstituts, dass am Aktienmarkt besonders auf langfristiger Basis sehr gute und stabile Renditen erzielt werden können. Ich kann dir nur einen Tipp geben: Befasse dich so früh wie möglich mit der Börse und mit den dortigen Investitionsmöglichkeiten, weil du viel mehr aus deinem Geld machen kannst, als es jahrelang praktisch unverzinst auf einem Sparkonto herumliegen zu lassen. Da du diese Worte gerade liest, bist du auf dem richtigen Weg und hast deine erste Investition bereits getätigt – eine Investition in dich selbst und in eine erfolgreiche Zukunft.

Dieses Buch ist für dich geeignet, wenn du wissen möchtest, wie du mehr aus deinem Geld machen kannst, obwohl du noch kein Experte im Finanzsektor bist. Ich helfe dir durch anschauliche Erklärungen, die Börse zu verstehen. Ich zeige dir, wie du dein Geld profitabel anlegen kannst und worauf du unbedingt achten solltest. Gerade in Zeiten, in denen der Zins nahe null ist und die Unsicherheit hinsichtlich unserer Rente in Deutschland steigt, ist es sinnvoll und meiner Meinung nach von unschätzbarem Wert, sich so früh wie möglich mit Investitionsmöglichkeiten zu beschäftigen.

- Gesamtrendite Sparkonto 2007-2017:
  12 Prozent (100 Euro werden zu 112 Euro).
- Gesamtrendite Deutscher Aktienindex 2007-2017:
  59,81 Prozent (100 Euro werden zu 159,81 Euro).*

* Deutsches Aktieninstitut 2019.

2. Warum du so früh wie möglich beginnen solltest

Warum solltest du so früh wie möglich beginnen? Die Antwort ist einfach: wegen des Zinseszinses. Hierbei fügst du – wie bereits erwähnt – deinem Vermögen die erhaltenen Zinsen wieder hinzu, wodurch sich auch diese weiter verzinsen.

Dazu eine kurze Geschichte, die ich aus dem Buch *Der Weg zur finanziellen Freiheit* von Bodo Schäfer übernehme:

Eines Tages ging ein armer Farmer in seine Scheune und fand ein goldenes Ei im Nest seiner Gans. Sein erster Gedanke war: »Da will sich jemand über mich lustig machen.« Aber um sicherzugehen, nahm er das Ei und brachte es zu einem Goldschmied. Dieser prüfte das Ei und teilte dem Farmer mit: »100 Prozent Gold, durch und durch reines Gold.« Der Farmer verkaufte das Ei und ging mit viel Geld nach Hause. Am Abend gab er ein großes Fest. Im Morgengrauen stand die ganze Familie auf, um zu sehen, ob die Gans eventuell noch ein goldenes Ei gelegt hatte. Und tatsächlich, wieder lag ein goldenes Ei im Nest. Von da an fand der Farmer jeden Morgen ein weiteres goldenes Ei, das er verkaufte, und er wurde sehr reich.

*Aber der Farmer war ein habgieriger Mann. Er fragte sich, warum die Gans nur ein Ei legte. Und überhaupt wollte er gerne wissen, wie das Tier das machte, um selbst goldene Eier produzieren zu können. Er steigerte sich immer mehr in seine Wut hinein. Schließlich lief er in den Stall und spaltete die Gans mit einem Buschmesser in zwei Hälften. Alles, was er fand, war ein halbes, in der Entstehung begriffenes Ei. Und die Moral von der Geschicht': Töte deine Gänse nicht.**

Die meisten Menschen handeln wie der Farmer in der Geschichte. Die Gans verkörpert das Kapital und die goldenen Eier die Zinsen. Ohne Gans gibt es keine goldenen Eier, und ohne Kapital gibt es keine Zinsen. Die meisten Menschen geben ihr Einkommen direkt aus, anstatt davon ein Vermögen aufzubauen. Deshalb kommen sie niemals zu einer solchen Gans.

Dazu möchte ich dir ein kurzes Beispiel vorstellen – nehmen wir noch einmal Tom und Phil. Beide beschließen, pro Monat 300 Euro zu investieren. Sie investieren in die gleichen Wertpapiere und Fonds, womit beide eine durchschnittliche prozentuale Rendite von 8,3 Prozent erzielen (bei durchschnittlicher Rendite für zehn Jahre Aktienanlage aus der Abbildung auf Seite 10). Tom startet im Alter von 20 Jahren, investiert monatlich 300 Euro und hört nach zehn Jahren – im Alter von 30 Jahren – damit auf, weitere Wertpapiere zu kaufen. Er belässt das bereits investierte Geld einfach in seinen Wertpapieren und Fonds, sodass sie sich weiter verzinsen. Tom hat also in zehn Jahren insgesamt 36.000 Euro gespart und investiert. Sein Geld hat sich während dieser Zeitspanne jedes Jahr mit 8,3 Prozent verzinst. Was denkst du, wie hoch Toms Vermögen im Alter von 67 Jahren ist? Obwohl er ab dem dreißigsten Lebensjahr keinen Cent mehr eingezahlt und das

* Bodo Schäfer, in: *Der Weg zur finanziellen Freiheit.*

Geld einfach in Aktien liegen lassen hat, hat Tom im Alter von 67 Jahren ein Vermögen von 1.055.805 Euro. Um es noch einmal in Worten zu sagen: über eine Million Euro.

Phil investiert ebenfalls 300 Euro pro Monat, fängt jedoch erst im Alter von 30 Jahren damit an. Auch er investiert monatlich 300 Euro, bis er 67 Jahre alt ist. Sein Geld verzinst sich ebenfalls mit 8,3 Prozent. Das Resultat? Obwohl Phil 37 Jahre lang kontinuierlich investiert hat, besitzt er mit 67 Jahren ein Vermögen von »nur« 820.362 Euro.

Das ist die Macht des Zinseszinses. Toms Vermögen vermehrt sich ab dem dreißigsten Lebensjahr allein durch den Zinseszins. Mit 67 Jahren erhält er auf sein Vermögen bei der gegebenen Rendite innerhalb eines Jahres 87.631 Euro Zinsen. Wie du siehst, ist es also ausgesprochen sinnvoll, so früh wie möglich mit dem Investieren zu beginnen. Solche Modellrechnungen kannst du problemlos auf der Website www.zinsen-berechnen.de selbst anstellen. Probiere es einfach mal aus.

In der folgenden Tabelle siehst du, was aus einem Kapital von 5.000 Euro wird, wenn du es bei gegebenem Zinssatz liegen und den Zinseszins walten lässt:

	Rendite					
Jahre	5%	8%	10%	12%	15%	20%
0	5.000 €	5.000 €	5.000 €	5.000 €	5.000 €	5.000 €
1	5.250 €	5.400 €	5.500 €	5.600 €	5.750 €	6.000 €
2	5.513 €	5.832 €	6.050 €	6.272 €	6.613 €	7.200 €
3	5.788 €	6.299 €	6.655 €	7.025 €	7.604 €	8.640 €
4	6.078 €	6.802 €	7.321 €	7.868 €	8.745 €	10.368 €
5	6.381 €	7.347 €	8.053 €	8.812 €	10.057 €	12.442 €
6	6.700 €	7.934 €	8.858 €	9.869 €	11.565 €	14.930 €
7	7.036 €	8.569 €	9.744 €	11.053 €	13.300 €	17.916 €
8	7.387 €	9.255 €	10.718 €	12.380 €	15.295 €	21.499 €
9	7.757 €	9.995 €	11.790 €	13.865 €	17.589 €	25.799 €
10	8.144 €	10.795 €	12.969 €	15.529 €	20.228 €	30.959 €
15	10.395 €	15.861 €	20.886 €	27.368 €	40.685 €	77.035 €
20	13.266 €	23.305 €	33.637 €	48.231 €	81.833 €	191.688 €
25	16.932 €	34.242 €	54.174 €	85.000 €	164.595 €	476.981 €
30	21.610 €	50.313 €	87.247 €	149.800 €	331.059 €	1.186.882 €
35	27.580 €	73.927 €	140.512 €	263.998 €	665.878 €	2.953.341 €
40	35.200 €	108.623 €	226.296 €	465.255 €	1.339.318 €	7.348.858 €
45	44.925 €	159.602 €	364.452 €	819.938 €	2.693.846 €	18.286.310 €
50	57.337 €	234.508 €	586.954 €	1.445.011 €	5.418.287 €	45.502.191 €

Ein weiterer Grund dafür, dass du so früh wie möglich mit dem Investieren beginnen solltest, ist die drohende Altersarmut. Der Generationenvertrag kann jüngere Generationen noch teuer zu stehen kommen, da die demografische Entwicklung zu enormen Problemen in Deutschlands Rentensystem führen wird. Die Zahl der Erwerbstätigen geht stetig zurück, während die Zahl der Rentenbezieher zunimmt. Man muss nicht Mathematik studiert haben, um zu sehen, dass eine solche Rechnung auf Dauer nicht aufgehen kann.

In der nachfolgenden Abbildung siehst du die Bevölkerungspyramide Deutschlands aus dem Jahr 2020. Zu erkennen ist, dass bald eine Vielzahl von Menschen (Jahrgang 1950 bis 1970) – die sogenannten Babyboomer – in Rente gehen. Die Renten dieser Menschen werden dann durch die Menschen bezahlt, die sich noch im Arbeitsleben befinden (das ist grob gesagt das, was der Generationenvertrag aussagt).*

Wenn dieser Trend anhält, die Menschen immer älter werden und außerdem immer früher in Rente gehen wollen, zusätzlich aber immer weniger junge Leute immer mehr Rentner finanzieren müssen, gibt es nur wenige Lösungen für dieses Problem. Die Politik hat im Grunde genommen nur drei Einflussfaktoren: das Renteneintrittsalter, den Rentenbeitrag und das Rentenniveau. An diesen drei Stellschrauben zu drehen, hätte negative Auswirkungen auf die Laune der Bevölkerung. Das Rentenalter zu erhöhen, ist unbeliebt. Den Rentenbeitrag zu erhöhen, ist unbeliebt. Das Rentenniveau zu verringern, ist unbeliebt. Schließlich will nahezu jeder Bürger so früh wie möglich in Rente gehen, während des Arbeitslebens möglichst geringe Rentenbeiträge zahlen und dabei stattliche

---

* Definition Generationenvertrag: https://wirtschaftslexikon.gabler.de/definition/generationenvertrag-34055.

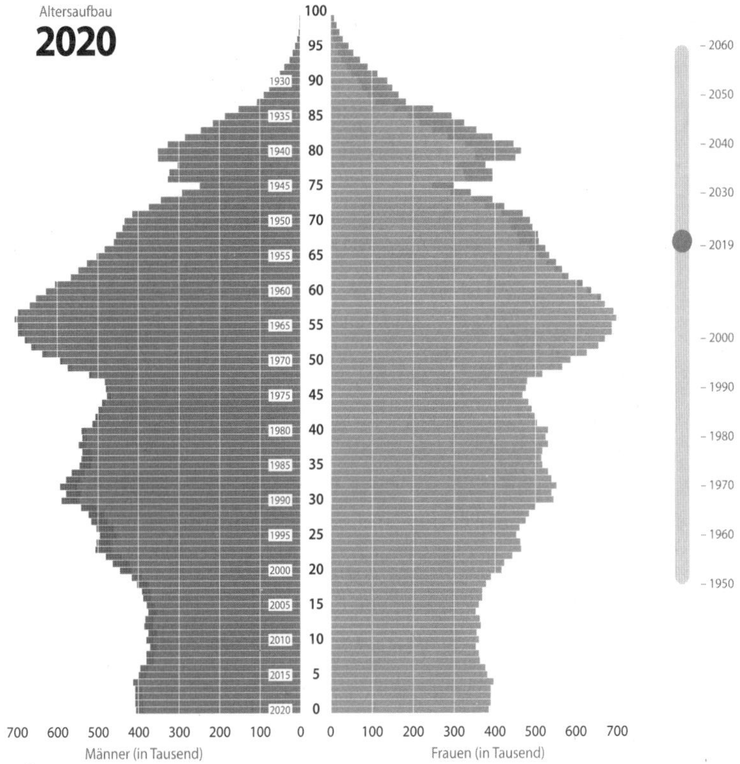

Quelle: Statistisches Bundesamt 2020

Rentenauszahlungen im Alter erhalten. Ich behaupte nicht, ein Experte auf diesem Gebiet zu sein, aber dass diese Rechnung nicht aufgeht, sollte offensichtlich sein.

Was kannst du also tun? Richtig – wie in Toms Beispiel früh mit dem Investieren anfangen, den Zinseszins nutzen und ein Vermögen aufbauen, von dem du auch im Alter gut leben kannst. Dabei helfe ich dir mit diesem Buch.

Wenn man ein Wozu des Lebens hat, erträgt man jedes Wie.

Friedrich Nietzsche

Bevor du mit dem Vermögensaufbau beginnst, solltest du dir also im Klaren darüber sein, wozu du es machst. Das gilt nicht nur für die Geldanlage. Egal welches Projekt du startest: Dein »Warum« sollte klar definiert sein.

Startest du, weil du einen besonderen Sinn in deiner Aufgabe siehst? Weil du im Alter ein erfülltes Leben führen möchtest? Weil du um die Welt reisen oder dir einen Sportwagen kaufen willst? Weil du finanzielle Unabhängigkeit erreichen willst? Weil du deiner Familie, deinen Eltern oder deinen Kindern ein noch schöneres Leben ermöglichen willst? Weil du Menschen, die unter schwierigen Umständen aufgewachsen sind oder unter Hunger leiden müssen, ein besseres Leben ermöglichen möchtest?

Egal welches »Warum« dich antreibt, diese Motivation muss langfristig stärker sein als die kurzfristige Befriedigung und der Reiz, dich mit weniger zufriedenzugeben oder aufzugeben. Wir alle sollten mit den Ausreden aufhören, die uns im Weg stehen. Viele Menschen behaupten, sie hätten keine Zeit, das Investieren richtig zu lernen. Ist das die Wahrheit? Sollten diese Menschen sich selbst gegenüber nicht eingestehen, dass diese Behauptung oftmals nur eine Ausrede ist? Dass ihnen in Wirklichkeit die Motivation fehlt, sich mit diesem Thema auseinanderzusetzen? Und das, obwohl die Finanzen und der Vermögensaufbau besonders in Zeiten der Nullzinspolitik so enorm wichtige Bereiche des Lebens sind, da es auf dem Sparkonto so gut wie keine Zinsen mehr auf das vorhandene Guthaben gibt. Wäre es nicht aufrichtiger, wenn diese Menschen zugeben würden, dass sie einfach nicht bereit sind, mehr Zeit für die Geldanlage aufzubringen?

Es ist nicht zu wenig Zeit, die wir haben,
sondern es ist zu viel Zeit, die wir nicht nutzen.

LUCIUS ANNAEUS SENECA

Hören wir auf mit den Ausreden. Kümmern wir uns nun um einen der bedeutendsten Bereiche unseres Lebens: unsere Finanzen. Und jetzt raus aus dem Sparbuch und rauf aufs Börsenparkett – legen wir los!

3. Grundlagen zum Thema Börse

3.1 Was ist eigentlich die Börse?

Man kann die Börse im Grunde genommen mit einem Wochenmarkt vergleichen. Wenn ein Händler auf dem Markt besonders hochwertige Hüte anbietet, hat er eine erhöhte Nachfrage, da mehr Menschen seine Hüte aufgrund der guten Qualität kaufen möchten. Durch diese erhöhte Nachfrage ist es ihm möglich, auch die Preise etwas höher anzusetzen. Gleichzeitig muss ein Händler, der tendenziell schlechtere Hüte anbietet, seinen Preis niedriger ansetzen, damit er sie trotzdem noch verkaufen kann. Angebot (Händler) und Nachfrage (Käufer) bestimmen also den Preis. Das gleiche Prinzip herrscht auch an der Börse, nur dass dort keine Hüte verkauft werden, sondern beispielsweise Anteile an Unternehmen und andere Finanzprodukte. Die Börse ist also der Marktplatz, an dem Angebot und Nachfrage für Wertpapiere aufeinandertreffen. Steigt die Nachfrage nach der Aktie eines Unternehmens, so steigt auch ihr Preis. Umgekehrt fällt der Preis einer Aktie, falls die Nachfrage sinkt. Leute wie du und ich können sich so an der wirtschaftlichen Entwicklung von Unternehmen beteiligen.

Um an einer Börse zu handeln, musst du nicht an einen bestimmten Ort fahren und dir dort die Wertpapiere kaufen. Vielmehr lässt sich alles bequem über das Internet erledigen. Das Geschehen hat sich also etwas verändert und spielt sich nicht mehr so wie im Film »The Wolf of Wall Street« ab, in dem lästige Börsenhändler mögliche Kunden persönlich anrufen und überteuerte Aktienpakete per Kaltakquise verkaufen. Der Film ist trotzdem sehr empfehlenswert.

Nice to know:

- Das Wort Börse leitet sich von dem lateinischen Wort »Bursa« ab, was so viel heißt wie Geldbeutel.
- Die erste Börse wurde 1409 in Brügge gegründet.

3.2 Die Aufgaben der Börse

Wie bereits angesprochen, fungiert die Börse als Vermittler und bringt Angebot und Nachfrage zusammen. Zusätzlich ist die Börse ein Anbieter von Plattformen, auf denen der Handel stattfinden kann. Wertpapiere sollen möglichst unkompliziert ge- und verkauft werden. Die Börse bietet Anlegern die nötige Transparenz durch Bereitstellung von Informationen zu Preisen, Produkten und Umsätzen. Dazu werden beispielsweise die Zahlen grafisch dargestellt und im Sekundentakt veröffentlicht, wodurch letztendlich ein Aktienkurs entsteht.

Eine weitere Aufgabe der Börsen ist die Prüfung und Zulassung von Neuemissionen zum Börsenhandel. Eine Neuemission, auch als IPO (Initial Public Offering) bezeichnet, ist die erstmalige Platzierung der Aktien eines Unternehmens am Kapitalmarkt. Wenn also eine Firma das erste Mal Unternehmensanteile an der Börse anbieten möchte, spricht man von einer Neuemission. Warum ein Unternehmen das macht, klären wir in Kapitel 5.

Um einen transparenten und fairen Handel zu garantieren, gibt es festgelegte Regularien und Organisationen, die den Handel an der Börse prüfen. An dieser Marktaufsicht sind mehrere Institutionen beteiligt, wie beispielsweise die Handelsüberwachungsstelle (HÜSt). Die HÜSt überwacht den Börsenhandel und die Geschäftsabwicklung. Die Börsenaufsichtsbehörde ist für die Einhaltung von börsenrechtlichen Vorschriften und die Ordnungsmäßigkeit des Börsenbetriebs zuständig.* Die BaFin (Bundesanstalt für Finanzdienstleistungsaufsicht) kontrolliert die Finanzmärkte Deutschlands und versucht Verstöße – wie Geldwäsche und Marktmanipulation – zu verhindern. Dadurch sollen faire Handelsbedingungen geschaffen werden.**

3.3 Verschiedene Börsenplätze und ihre Handelszeiten

Es gibt eine Handvoll bedeutender Börsenplätze rund um den Globus, welche in diesem Kapitel kurz genannt werden. Die bedeutendste in Deutschland ist die Deutsche Börse in Frankfurt am Main mit ihrer elektronischen Handelsplattform Xetra, gefolgt von der Stuttgarter Börse. Die größte und älteste Börse Europas ist in London ansässig (London Stock Exchange) und ebenfalls sehr bedeutend für den Weltmarkt. Die weltweit wichtigste und größte Börse ist die New York Stock Exchange (NYSE), die sich an der Wall Street befindet. Ebenfalls von großer Bedeutung ist die NASDAQ, die größte elektronische Börse in den USA. Weitere wichtige Börsenplätze befinden sich in asiatischen Großstädten wie Tokio, Shanghai und Hongkong. Über das Internet kannst du an jeder Börse handeln. Du bist also nicht gezwungen, deine Aktien auf Xetra zu kaufen, sondern kannst auch mit Wertpapieren, die an der Wall Street gelistet sind, handeln.

---

* https://www.boersennews.de/lexikon/begriff/handelsueberwachungsstelle-huest/519/.

** https://www.bafin.de/DE/Service/TopNavigation/LeichteSprache/Aufgaben/aufgaben_artikel.html.

Bezüglich der Handelszeiten sind folgende zwei Punkte zu beachten:

1. Die Eröffnungs- und Schlussphasen können an der Börse turbulent sein und es treten häufig höhere Schwankungen auf.
2. Zu den Zeiten, zu denen sich die Öffnungszeiten der Börsen überschneiden, herrscht ein hohes Handelsvolumen und eine hohe Volatilität.* Wenn beispielsweise um 15:30 Uhr deutscher Zeit die Börsen in Frankfurt und London bereits geöffnet sind und die Wall Street gerade öffnet, wechseln viele Wertpapiere durch ein hohes Handelsvolumen den Besitzer.

In der folgenden Abbildung siehst du die Öffnungszeiten von wichtigen Börsen und Handelsplätzen rund um den Globus.

Handelsplatz	Handelszeiten
Xetra	09:00 - 17:30 Uhr
Frankfurt	08:00 - 22:00 Uhr
Stuttgart	08:00 - 22:00 Uhr
Tradegate	08:00 - 22:00 Uhr
Lang & Schwarz	07:30 - 23:00 Uhr
London Stock Exchange	09:00 - 17:30 Uhr
NYSE Euronext Amsterdam	09:00 - 17:30 Uhr
NYSE Euronext Brüssel	09:00 - 17:30 Uhr
NYSE Euronext Paris	09:00 - 17:35 Uhr
NYSE Euronext Lissabon	09:00 - 17:30 Uhr
SIX Swiss Exchange	09:00 - 17:30 Uhr
Wiener Börse	08:55 - 17:35 Uhr
Mailand	09:00 - 17:40 Uhr
Madrid	09:00 - 17:30 Uhr
New York Stock Exchange	15:30 - 22:00 Uhr
Nasdaq	15:30 - 22:00 Uhr
Shanghai Stock Exchange	02:30 - 08:00 Uhr

Quelle: https://www.boerse.de/handelszeiten/

* Volatilität ist das Ausmaß der Schwankung von Aktienkursen innerhalb einer kurzen Zeitspanne.

3.4 Was ist ein Index?

Indizes spielen in der Wirtschaftswelt eine enorm große Rolle, da sie auf einen Blick die Entwicklung ganzer Volkswirtschaften oder Branchen darstellen. Ein Index ist ein Indikator für eine bestimmte ökonomische Veränderung im Zeitverlauf und zeigt als Börsenbarometer an, ob sich ein Markt nach oben oder unten bewegt. Indizes bestehen aus mehreren Unternehmen beziehungsweise deren Aktien. Die Zusammensetzung dieser Unternehmen soll den Markt so abbilden, dass die gesamte Entwicklung – beispielsweise eines Landes – widergespiegelt wird. Ein dir wahrscheinlich bekanntes Beispiel ist der DAX (Deutscher Aktienindex). Der DAX ist der wichtigste deutsche Index. Er bildet die Entwicklung der 30 größten deutschen Unternehmen nach Marktkapitalisierung (Börsenwert des Unternehmens) und deren Umsatz ab.* Möchtest du wissen, wie sich der Großteil des deutschen Aktienmarktes entwickelt, kannst du das mit einem Blick auf den DAX sofort tun. Wenn du jetzt gerade ins Internet gehst und dort liest, dass der DAX heute um 5 Prozent abgerutscht ist, solltest du deine Sachen packen und Deutschland schleunigst verlassen. Nein, das war ein Scherz, so schlimm ist es dann doch nicht – jedoch steigt natürlich die Unsicherheit an den Börsen, wenn es hohe Kursverluste gibt. Es gibt viele Privatanleger, die auf eine solche Welle aufspringen und viele ihrer Aktien dann ebenfalls auf den Markt werfen. Dazu kann ich nur sagen: Es gibt keinen Grund zur Panik. Die Märkte gehen auch wieder rauf. Du solltest dich nicht so einfach beeinflussen lassen. Wenn du von deinen Investments überzeugt bist, solltest du sie nicht für einen Spottpreis zum Verkauf anbieten, sondern eher günstig nachkaufen, falls die fundamentalen Zahlen stimmen. Dazu aber später mehr.

* Stand: November 2020. Über eine Aufstockung auf 40 DAX-Werte im Jahr 2021 wird nachgedacht.

Die Berechnung der Indizes ist recht komplex, du kannst dir einen Index wie einen Topf vorstellen, in dem sich eine gewisse Anzahl an Unternehmen befindet. Im Topf haben jedoch nicht alle Unternehmen das gleiche Gewicht, da es kleinere und größere Unternehmen gibt. Daher werden einzelne Unternehmen mit ihrem aktuellen Börsenwert (Marktkapitalisierung) in einem Index so gewichtet, dass die großen Unternehmen einen größeren Einfluss auf den Index haben als die kleineren.

Der DAX ist nicht der einzige Index in Deutschland. Weitere bedeutende Indizes sind der MDAX, der SDAX und der TecDAX. Im **MDAX** befinden sich die 60 größten deutschen Unternehmen nach den 30 größten aus dem DAX – also die Plätze 31 bis 90. In diesem Index sind viele Autozulieferer, Maschinenbauer, Versicherer und Chemie- sowie Medienfirmen beheimatet. Hier findest du oft Aktien mit einer hohen Rendite. Der **SDAX** enthält die darauffolgenden 70 größten Unternehmen – also die Plätze 91 bis 160. In diesem Index sind vor allem erfolgreiche Mittelständler und Nischenanbieter vertreten, die oft flexibel auf Konjunkturzyklen reagieren können. Der **TecDAX** enthält die 30 wichtigsten deutschen Technologie- und Zukunfts-Aktien. Hier sind besonders Unternehmen aus den Bereichen Hightech, Biotechnologie, Software und Internet gelistet.

In den deutschen Nebenindizes findest du viele Perlen des Mittelstandes, und es lohnt sich auf alle Fälle, diese Indizes näher unter die Lupe zu nehmen.

Übersicht über die weltweit wichtigsten Indizes

- USA:
  - Dow Jones *(30 größte US-Unternehmen)*
  - S&P 500 *(500 größte US-Unternehmen der amerikanischen Wirtschaft)*
  - NASDAQ 100 *(100 größte Technologie-Unternehmen der USA)*
- Deutschland: DAX
- Japan: Nikkei 225
- China: SSE Composite
- Hongkong: Hang Seng
- Kanada: S&P/TSX Composite
- Großbritannien: FTSE 100
- Frankreich: CAC 40
- Schweiz: SMI
- Spanien: IBEX 35
- Welt:
  - MSCI World *(größte Unternehmen der Industrieländer)*
  - MSCI Emerging Markets *(Unternehmen der wichtigsten Schwellenländer)*
  - MSCI All Country World *(sowohl Industrieländer als auch Schwellenländer)*
- Europa:
  - Euro Stoxx 50 *(50 größte Unternehmen der Eurozone)*
  - Euro Stoxx 600 *(600 Unternehmen aus 18 europäischen Ländern)*

Nice to know:

- Der TecDAX hieß früher Nemax und läuft offiziell seit 2003 unter dem Namen TecDAX.
- Der DAX wurde im Jahr 1988 eingeführt und setzt die Geschichte vom Index der Börsen-Zeitung fort, welcher bis ins Jahr 1959 zurückgeht.

Chart vom DAX seit 1989, Quelle: TradingView.com

3.5 Drei Mythen über die Börse

1. »Börse ist nur was für die Reichen!«

Ob du reich bist, spielt an der Börse überhaupt keine Rolle. Dein eingesetztes Kapital hat keinen Einfluss auf den Erfolg, den du an der Börse haben wirst. 5 Prozent Rendite sind 5 Prozent Rendite. Wichtig ist nur deine Anlagestrategie und das Wissen, das du dir vorher angeeignet hast (du bist gerade dabei – sehr gut!). Absolut betrachtet ist es natürlich einfacher, mit 100.000 Euro

Startkapital 100 Euro Gewinn zu erwirtschaften (= 0,1 Prozent), als mit einem Startkapital von 1.000 Euro (= 10 Prozent). Doch jeder hat mal klein angefangen, und es ist besser, so früh wie möglich zu beginnen, anstatt erst mühsam 10.000 Euro zusammenzusparen und dann mit dem Investieren zu starten. Zu diesem Thema folgen im Buch noch einige Beispiele.

2. »Die Börse ist doch nur Glücksspiel!«

Nein, die Börse ist **kein** Casino. An der Börse »zocken« nur diejenigen, die keine Ahnung von dem haben, was sie tun. Wer sich Wissen angeeignet, eine zum eigenen Risikoprofil passende Strategie gefunden und sich mit den Unternehmen, an denen er beteiligt sein möchte, auseinandergesetzt hat und versteht, was diese Unternehmen machen, für den ist die Börse alles andere als ein Glücksspiel.

Natürlich weiß niemand, wie die Zukunft aussieht. Natürlich lässt sich nicht mit hundertprozentiger Sicherheit sagen, dass es Firmen wie Amazon in zehn Jahren noch geben wird. Vielleicht gibt es bald einen Anbieter, der die Branche noch einmal revolutioniert, alles besser macht und Amazon auf diese Weise vom Markt drängt. Wer sich aber informiert und mit den Unternehmen beschäftigt, kann die Wahrscheinlichkeit für ein solches Szenario sehr gut abschätzen. Außerdem kann derjenige dann wieder am neuen, aufsteigenden Unternehmen teilhaben.

3. »Das Sparkonto ist sicherer als die Börse!«

Die Einlagen auf dem Sparkonto sind ziemlich wahrscheinlich abgesichert, ja. Die traurige Wahrheit ist jedoch, dass du – falls du gerade Geld auf dem Sparkonto liegen hast – in Wahrheit Geld verlierst, obwohl du doch eine geniale Rendite von 0,5 Prozent pro Jahr von der Bank erhältst. »Was zum Teufel geht denn bitte da ab?«, denkst du dir vielleicht gerade.

Lass es mich so kurz wie möglich erklären: Die Inflation ist dein Endgegner. Was ist die Inflation? Inflation bezeichnet die Geldentwertung durch Preissteigerungen. Das bedeutet, dass du dir heute für das gleiche Geld weniger leisten kannst als vor beispielsweise fünf Jahren – deine Kaufkraft sinkt. Hast du schon mal von deinem Vater oder Großvater den Spruch gehört: »Was?! Eine Kugel Eis für 1,20 Euro? Dafür konnte ich mir früher vier Kugeln Eis kaufen!« Das ist Inflation.

Ein Beispiel dazu: Ein Brot kostete im Jahr 2008 genau 1 Euro. Die durchschnittliche Inflationsrate in den letzten zehn Jahren betrug 2 Prozent pro Jahr. Ein Brot kostet nun 1,22 Euro. Der eine Euro vom Jahre 2008 ist zehn Jahre später nur noch 82 Cent wert (= 1 Euro/1,22 Euro). Du hast zwar im Jahr 2018 immer noch den einen Euro, dieser hat aber an Wert verloren und du kannst dir kein ganzes Brot mehr dafür leisten.

Um zu berechnen, wie viel Ertrag du mit deinen Investitionen tatsächlich erzielst, müssen wir kurz die Begriffe nominale und reale Rendite ansprechen. Die nominale Rendite ist die Rendite, die deine Bank dir nennt – beispielsweise 0,5 Prozent Zinsen auf dein Sparkonto. Wenn du aber wissen möchtest, wie hoch die erzielte Rendite in Wahrheit ist, musst du die sogenannte reale Rendite ermitteln. Dazu musst du von der nominalen Rendite die Inflationsrate abziehen.

Näherungsformel für die reale Rendite
= nominale Rendite – Inflationsrate

Bei einer Inflationsrate von 2 Prozent hast du also bei einem Zinssatz von 0,5 Prozent eine reale Rendite von circa -1,5 Prozent erzielt. Dein Geld hat demnach an Wert verloren. Vermögenswerte wie Aktien und Immobilien preisen die Inflation ein, da ihre Preise ebenfalls steigen. Wenn du also beispielsweise in Aktien investiert bist, schützt du dich selbst vor der Inflation.

Wie entsteht eine Inflation? Wieso steigt das Preisniveau?

Ein Grund dafür ist, dass die Nachfrage höher als das Angebot ist. Die Nachfrage nach Gütern wächst so schnell, dass die Angebotsseite nicht rechtzeitig die Produktion erweitern kann oder durch Kapazitätsauslastung keine Erweiterung mehr möglich ist, wodurch die Unternehmen am Preishebel drehen und die Preise in der Folge steigen.

Steigende Preise sieht man zudem durch teurer werdende Produktionsfaktoren. Wenn beispielsweise die Energiekosten steigen oder – um bei unserem Beispiel zu bleiben – das Mehl zur Produktion von Brot teurer wird, erhöhen die Unternehmen die Preise ihrer Produkte, damit sie weiterhin profitabel wirtschaften können. Höhere Kosten der Unternehmen werden so in Form von Preiserhöhungen an den Verbraucher weitergegeben.

Ein weiterer Grund für die Inflation ist eine Erhöhung der Geldmenge durch die Zentralbanken. Die Europäische Zentralbank (EZB) kann beispielsweise durch die Festsetzung von Zinsen die Geldmenge einer Volkswirtschaft steuern. Sind die Zinsen niedrig, ist es attraktiver, Kredite aufzunehmen, da die Schulden gegenüber der Bank niedriger sind als bei hohen Zinssätzen. Kreditnehmer leihen sich das Geld einfach sehr günstig. Ziel ist es, mehr Geld in Umlauf zu bringen. Da die Leute mehr Geld zur Verfügung haben, steigen dadurch die Preise.

Ein Rechenbeispiel, wie sich die Inflation auf dein Vermögen auswirkt

Wenn du 10.000 Euro auf deinem Sparkonto liegen hast und dafür Zinsen in Höhe von 0,5 Prozent erhältst, die Inflationsrate aber 2 Prozent beträgt, verlierst du in Wahrheit etwa 1,5 Prozent deines Kapitals im betreffenden Jahr. Auf deinem Konto sind dann zwar nach besagtem Jahr 10.050 Euro verbucht, in der Realität ist dieser Betrag aber nur noch circa 9.850 Euro wert, da das Geld an Kaufkraft verloren hat.

$$\text{Kaufkraft nach einem Jahr} = [10.050 \text{ Euro} - (10.050 \text{ Euro} \times 0{,}02)]$$

Als Faustregel kannst du dir also merken: Liegt die Inflationsrate über deinem Zinssatz, so verlierst du Geld. Und das, mein Freund, ist eine traurige Geschichte, die sich glücklicherweise mithilfe der Börse verhindern lässt.

4. Überblick über Investitionsmöglichkeiten

Wenn die Menschen das Wort Börse hören, denken die meisten direkt an Aktien. Es gibt jedoch viel mehr Anlageprodukte an der Börse. Es gibt Anleihen, ETFs, Rohstoffe und Fonds. Auf all diese Produkte werden wir in diesem Kapitel genauer eingehen. Weitere Produkte sind beispielsweise Futures, Optionen CFDs, Zertifikate und Devisen (Währungen), die wir jedoch im Rahmen dieses Buches nicht genauer behandeln werden.

4.1 Anleihen

Wer gut essen will, kauft Aktien;
wer gut schlafen will, kauft Anleihen.

André Kostolany

Kostolany spielt mit diesem Satz darauf an, dass mit Aktien überdurchschnittliche Renditen erzielbar, kurzfristig jedoch auch häufig Kursrückschläge hinzunehmen sind. Eine Investition in Anleihen bringt zwar nicht so viel Ertrag, gilt aber als relativ sorgenfrei.

Anleihen – auch Bonds genannt – sind fest verzinsliche Wertpapiere und können mit kleinen Krediten verglichen werden. Der Geldgeber leiht der Gegenpartei für einen festgelegten Zeitraum (beispielweise zehn Jahre) Geld und erhält dafür jährliche Zinszahlungen, auch Coupons genannt. Grundsätzlich unterscheidet man zwei Arten von Anleihen. Die Unternehmens- und die Staatsanleihen. Die Konditionen wie Laufzeit, Verzinsung (Coupons) und Tilgung sind im Vorfeld genau festgelegt. Der Geldgeber kauft nicht eine gewisse Stückzahl von Anleihen, sondern investiert einen bestimmten Nominalbetrag. Am Ende der Laufzeit erhält er 100 Prozent des Nominalbetrages zurück. Wenn du also zu Beginn 1.000 Euro für die Anleihen bezahlt hast, erhältst du am Ende der Laufzeit deine 1.000 Euro zurück.

Wenn du eine Anleihe bis zum Laufzeitende behältst, verdienst du also – anders als bei Aktien – dein Geld nicht durch Wertsteigerungen der Anleihe, sondern allein durch die Zinszahlungen. Die Zinszahlungen werden vorher festgelegt. Falls du beispielsweise derzeit eine australische Staatsanleihe mit einer Laufzeit von zehn Jahren kaufst, erhältst du jährlich 0,8 Prozent Zinsen.*

Der Preis einer Anleihe kann sich während der Laufzeit jedoch ändern, da er abhängig von Angebot und Nachfrage ist. Wenn du die Anleihe bis zum Ende der Laufzeit hältst, hat dies keine Auswirkungen auf deinen Rückgabepreis. Du erhältst dann 100 Prozent des investierten Geldes zurück. Zwischendurch kann sich aber gleichwohl der Preis der Anleihen ändern. Der Marktzins hat dabei den größten Einfluss. Steigen die Zinsen am Markt, fällt der Wert der bereits ausgegebenen Anleihen, da vergleichbare neu angebotene Anleihen aufgrund der

* https://www.boerse.de/konjunkturdaten/staatsanleihen/ (Stand: November 2020).

höheren Verzinsung (an Marktzinsen angepasst) attraktiver für die Anleger sind.

Umgekehrt steigen die Kurse der bereits ausgegebenen Anleihen, wenn die Zinsen am Markt sinken, da diese älteren Anleihen mit höheren Zinsen attraktiver werden und die Nachfrage danach steigt. Trotz der festgelegten Laufzeit ist es möglich, die Anleihe vor der Frist zu verkaufen. Falls bei sinkenden Zinsen am Markt der Wert deiner Anleihe steigt, lohnt es sich möglicherweise, die Anleihe vorzeitig zu verkaufen. Zinszahlungen erhältst du nach dem Verkauf deiner Anleihe natürlich nicht mehr.

Vorteile

- relativ große Sicherheit
- geringe Volatilität (Kursschwankungen)
- festgelegte Zinszahlungen
- Recht auf volle Rückzahlung am Ende der Laufzeit

Nachteile

- geringe Rendite
- Ausfallrisiko (falls Schuldner zahlungsunfähig wird)
- Zinsänderungsrisiko (relevant, wenn man die Anleihe vor Ende der Laufzeit verkaufen will)
- Inflationsrisiko (Unsicherheit über reale Höhe der festgelegten Zinszahlungen)

4.2 Aktien

In Kapitel 5 befassen wir uns intensiver mit Aktien, weshalb ich diesen Abschnitt so kurz wie möglich halte und daher nur einen groben Überblick bieten werde.

Eine Aktie stellt einen bestimmten Anteil an einem Unternehmen, einer sogenannten Aktiengesellschaft (AG), dar. Die Höhe des Anteils an der AG, den du durch eine Aktie erhältst, hängt von der Anzahl der ausgegebenen Aktien des Unternehmens ab. Hat ein Unternehmen beispielsweise 100 Aktien ausgegeben und du besitzt 5 dieser Aktien, so gehören dir 5 Prozent des Unternehmens. Als Aktionär bist du direkt am Erfolg – oder Misserfolg – eines Unternehmens beteiligt. Wenn das Unternehmen Gewinne erwirtschaftet, werden häufig Dividenden ausgezahlt (das machen jedoch nicht alle Unternehmen – auch wenn sie Gewinne erwirtschaften, dazu später mehr). Dir steht also ein kleiner Teil des Gewinns eines Unternehmens zu. Zusätzlich besteht die Möglichkeit einer Preissteigerung der Aktie, wenn es dem betreffenden Unternehmen gut geht. Wenn das Geschäft jedoch weniger gut läuft, trägst du als Investor das Risiko mit. Es ist möglich, dass deine Aktie an Wert verliert. Generell sind Aktien volatiler, also schwankungsfreudiger, als beispielsweise Anleihen. War eine Aktie gestern noch 100 Euro wert, so kann es passieren, dass die Aktie heute nur noch 98 Euro wert ist und morgen auf 105 Euro ansteigt. Bei einem Aktieninvestment musst du damit rechnen, dass der Preis deiner Wertpapiere stetigen Schwankungen unterliegt.

Vorteile

- hohe Flexibilität
- mögliche Gewinnchance durch Wertsteigerung der Aktien
- mögliche jährliche Beteiligung an Gewinnen von Unternehmen (Dividendenzahlungen)
- langfristig meist deutlich bessere Rendite als festverzinsliche Anlagen (zum Beispiel Sparbuch)
- sehr große Auswahl

Nachteile

- mögliche Verluste durch Wertminderung der Aktien (falls du die Aktien dann verkaufen solltest)
- keine festgelegte Rendite (Kursschwankungen, fehlende Konstanz bei Dividendenzahlungen)

4.3 Investmentfonds

Du kannst dir einen Investmentfonds wie einen großen Topf vorstellen, in den viele Menschen Geld einzahlen. Fondsmanager verwalten diesen Topf und investieren das Geld in Wertpapiere, Immobilien oder Rohstoffe. Wenn der Fondsmanager einen guten Job gemacht hat und er mit seinen Investitionen insgesamt rentabel abschneidet, erhalten die Leute, die in diesem Fall als Geldgeber fungiert haben, mehr Geld zurück, als sie anfangs in den Topf geworfen haben. Ein Fonds lässt sich grundsätzlich als eine defensivere Investmentmöglichkeit einordnen. Das Risiko wird durch Geldanlagen in verschiedenen Anlageklassen, Ländern und Branchen gestreut. Durch diese sogenannte Diversifizierung wird der Gefahr von Wertverlusten vorgebeugt, die immer dann entstehen, wenn einzelne Unternehmen enorm an Wert verlieren. Wer nur in ein Unternehmen investiert, der erleidet dann enorme Verluste. Wer aber in einen Fonds investiert, hat es besser: Durch die Streuung auf viele verschiedene Anlagen, von denen die meisten zur gleichen Zeit möglicherweise sehr gut laufen, werden die Verluste einzelner Unternehmen abgefedert.

Man unterscheidet in dieser Anlageklasse zwischen verschiedenen Fondsarten:

- **Aktienfonds** investieren ausschließlich oder überwiegend in Aktien.
- **Immobilienfonds** investieren ausschließlich oder überwiegend in Immobilien.
- **Rentenfonds** (auch Anleihefonds genannt) investieren ausschließlich oder überwiegend in Anleihen.
- **Mischfonds** investieren in unterschiedliche Anlageklassen (meistens zugleich in Aktien und Anleihen).
- **Dachfonds** investieren nicht in einzelne Aktien und Anleihen, sondern in verschiedene Anteile anderer Fonds.

Zusätzlich unterscheidet man zwischen offenen und geschlossenen Fonds. **Offene Fonds** sind eher die klassische Variante; mit ihnen wird an der Börse gehandelt. Du kannst jederzeit beliebig viele Anteile kaufen und verkaufen. Der Fondsmanager investiert das Geld in viele verschiedene Anlagen, wodurch mögliche Risiken minimiert werden.

Geschlossene Fonds hingegen werden nicht an der Börse gehandelt. Das Geld wandert meist in längerfristige Projekte, aus denen du es auch nicht so einfach wieder herausnehmen kannst. Der Herausgeber des Fonds sammelt eine im Vorfeld definierte Summe ein und der Fonds wird geschlossen, sobald diese Summe erreicht wird. Ab diesem Zeitpunkt kann also kein Anteil des betreffenden Fonds mehr gekauft werden. Das Geld von geschlossenen Fonds wird häufig in wenige einzelne Projekte investiert, wie zum Beispiel in den Bau von Immobilien oder die Errichtung eines Windparks. Geht das Projekt jedoch unter, ist das gesamte Geld weg. Falls bei dem betreffenden Fonds zudem eine sogenannte Nachschusspflicht vorgesehen ist, musst du sogar noch mehr Geld in den Fonds nachzahlen. Als Anfänger empfehle ich dir also, von geschlossenen Investmentfonds die Finger zu lassen.

Darüber hinaus unterscheidet man zwischen ausschüttenden und thesaurierenden Fonds. Bei **ausschüttenden** Fonds werden die Gewinne, die der Fonds erwirtschaftet, regelmäßig an dich ausgezahlt (abzüglich der Steuern und Gebühren). Bei **thesaurierenden** Fonds werden die Gewinne nicht an dich ausgezahlt, sondern vom Fondsmanager reinvestiert. Deine Investitionssumme erhöht sich also automatisch jedes Jahr um die Zinsen und Dividenden, die im Fondsvermögen verbleiben.

Da sich die Fondsmanager natürlich auch ihr tägliches Brot verdienen müssen, solltest du mit verschiedenen Kosten rechnen, die ich dir kurz vorstelle. Bei manchen Fonds musst du einen **Ausgabeaufschlag** (Agio) beziehungsweise Transaktionskosten bezahlen. Der Ausgabeaufschlag ist eine einmalige Gebühr, die beim Kauf von Fondsanteilen anfällt. Normalerweise wird diese Gebühr in Prozent der investierten Summe angegeben. Es gibt jedoch mittlerweile auch viele Fonds, die keinen Ausgabeaufschlag mehr fordern.

Eine weitere Kostenart sind die jährlichen **Verwaltungsgebühren**, die auch Managementgebühren genannt werden. Verwaltungsgebühren werden für die Arbeit der Fondsmanager erhoben, also zum Beispiel für die Informationsbeschaffung, fürs Controlling und für die Wertpapieranalyse. Diese Gebühren werden in Prozent angegeben und laufend vom Vermögen abgezogen. Die Verwaltungsgebühren haben also einen erheblichen

Einfluss auf die langfristige Performance des Fonds, weshalb du hier ganz genau hinschauen solltest.

Eine **Performancegebühr** wird bei manchen Fonds erhoben, wenn gewisse, vorher festgelegte Performanceziele übertroffen werden und so die Leistung der Manager belohnt werden soll.

Die **Total Expense Ratio (TER)** beziehungsweise Gesamtkostenquote gibt Aufschluss darüber, welche durchschnittlichen Kosten ein Fonds jährlich zusätzlich zum Ausgabeaufschlag erhebt. Die TER setzt alle Kosten eines Fonds (außer dem Ausgabeaufschlag) ins Verhältnis zum durchschnittlichen Fondsvermögen eines Jahres. Du erhältst also eine Prozentzahl, die dir die durchschnittlichen laufenden Kosten des Fonds innerhalb eines Jahres zeigt.

Vorteile

- Risikominimierung
- Es ist schon mit kleinen Beträgen möglich, breit gestreut zu investieren.
- wenig Aufwand, Sparpläne sind möglich (also das Sparen in regelmäßigen Raten)
- Du profitierst vom Fachwissen und der Erfahrung der Fondsmanager.
- mögliche Wertsteigerung
- mögliche jährliche Rendite (Dividenden und/oder Zinsen)
- langfristig meist deutlich bessere Rendite als festverzinsliche Anlagen (zum Beispiel Sparbuch)

Nachteile

- relativ hohe laufende Kosten
- Abhängigkeit vom Fondsmanagement: Du kannst nicht selbst bestimmen, welche Aktien als nächstes ge- oder verkauft werden.

- Gesetzliche Vorgaben schränken die Fondsmanager ein, weshalb Fonds teilweise auch dann investiert sein müssen, wenn es besser wäre, mit einer Cash-Reserve auf bessere Chancen zu warten.
- Wegen der langwierigen Genehmigungsverfahren ist es für Fonds schwierig, kurzfristig auf vielversprechende Trends zu reagieren.
- Viele Fonds schneiden schlechter als der Gesamtmarkt ab.
- mögliche Verluste
- keine festgelegte Rendite

4.4 ETFs

ETFs (abgekürzt für Exchange Traded Funds) sind Investmentfonds, die direkt über die Börse gehandelt werden können. Wie der Name schon sagt, handelt es sich hierbei ebenfalls um Fonds. Hinter einem ETF steht jedoch kein Fondsmanager, der die Finanzmärkte analysiert und die Aktien für den Fonds einzeln auswählt. Zwar wird bei einem ETF ebenfalls eine Zusammenstellung von Wertpapieren erworben, jedoch bildet dieser lediglich die Bewegung des Vergleichsindex ab. ETFs werden daher auch als passiv gemanagte Fonds bezeichnet. Das hört sich im ersten Moment vielleicht etwas verwirrend an, ist aber gar nicht so kompliziert.

Wenn du beispielsweise einen ETF kaufst, der den DAX abbildet, kaufst du im Grunde genommen Anteile an allen im DAX enthaltenden Unternehmen. Steigt der DAX also um 5 Prozent, so steigt auch dein ETF um circa 5 Prozent. Genauso verhält es sich im umgekehrten Fall. Kommt es zu einem Crash, infolgedessen der DAX um 50 Prozent fällt, so sinkt auch der Wert des ETF um 50 Prozent. Bei einem aktiv gemanagten Fonds hätte in diesem Beispiel der Fondsmanager die Möglichkeit, frühzeitig

Werte zu verkaufen und eine Cashreserve aufzubauen, um dann den Crash abzusitzen. In einer Phase, in der die Kurse niedrig sind, könnte er dann nachkaufen. Bei den ETFs besteht diese Möglichkeit nicht.

Da hier jedoch kein Fondsmanager bezahlt werden muss, sind die geringeren Kosten gegenüber klassischen Fonds ein großer Vorteil von ETFs. Diese Form der Geldanlage erfreut sich immer größerer Beliebtheit. Das liegt neben den geringen Kosten auch daran, dass es nur wenige Investmentgesellschaften schaffen, den Vergleichsindex zu schlagen. Oft liegt die Performance von aktiv gemanagten Fonds unter der Performance eines Gesamtmarktes wie beispielsweise dem DAX.

Es wird ebenfalls wieder zwischen **thesaurierenden** (Geld wird direkt reinvestiert) und **ausschüttenden** (du bekommst Rendite ausbezahlt) ETFs unterschieden.

Die Kosten sind bei ETFs zwar im Vergleich zu aktiv gemanagten Fonds geringer, geschenkt bekommt man aber auch in diesem Fall natürlich nichts, weshalb ich dir die Gebühren kurz vorstelle. Da ETFs passiv gemanagte Fonds sind, fallen die Verwaltungsgebühren sehr gering aus. Die **laufenden Kosten** (Verwaltungsgebühr etc.) liegen meist bei unter 1 Prozent (durchschnittlich etwa 0,5 Prozent). Zusätzlich fallen **Gebühren pro Order** an, die sich meistens in Prozent der Investitionssumme berechnen oder als **Spread** angegeben werden. Ein Spread ist die Differenz zwischen Geld- und Briefkurs. Das bedeutet, dass du als Anleger beim Kauf etwas mehr bezahlst (Geldkurs), als den Betrag, den du erhalten würdest, wenn du zum gleichen Zeitpunkt verkaufen würdest (Briefkurs). Weiterhin musst du in ganz seltenen Fällen mit **Depotführungsgebühren** rechnen.

Du kannst dir immer in den Factsheets der einzelnen ETFs genau anschauen, welche Kosten für dich anfallen. Zusätzlich zu den ETF-Kosten musst du jedoch auch beachten, welche Gebühren dein Broker verlangt, wie beispielsweise die Gebühren pro Order. Was du ebenfalls in den Factsheets der ETFs sehr schön sehen kannst, ist die prozentuale Verteilung deiner Investition. Dort wird aufgeführt, wie viel Prozent deines Geldes in welches Land oder in welche Branche fließen. Nachfolgend findest du eine kurze Übersicht über die beliebtesten ETFs:

- ETFs auf den MSCI World: Das ist ein Aktienindex, der die Entwicklung von über 23 Industrieländern darstellt.
- ETFs auf den MSCI Emerging Markets: Das ist ein Aktienindex, der die Entwicklung von den wichtigsten Schwellenländern darstellt.
- ETFs auf einzelne Indizes von Industrieländern oder mehreren Nationen (zum Beispiel DAX, S&P 500, Dow Jones, Stoxx Europe 50 etc.).
- ETFs auf einzelne Branchen

Besonderer Beliebtheit erfreuen sich aktuell ETF-Sparpläne. Damit kannst du einen regelmäßigen Betrag in von dir ausgewählte ETFs investieren und eine wesentlich attraktivere Rendite erzielen als mit einem popeligen Sparbuch. Wie du vielleicht an meiner Wortwahl merkst, halte ich nicht viel davon, das Geld auf Sparbüchern vergammeln zu lassen.

Hier ein Beispiel für einen ETF-Sparplan: Du nimmst eine monatliche Sparrate von 100 Euro und verteilst diesen Betrag auf drei ETFs. So kannst du zum Beispiel 50 Euro davon in den MSCI World stecken und von der gesamten Wirtschaft der Industrieländer profitieren. 25 Euro könntest du in den MSCI Emerging Markets stecken, der etwas riskanter ist, dafür jedoch auch hohe Renditen ermöglicht. Die restlichen 25 Euro kannst du beispielsweise in einen ETF auf den DivDAX, welcher die

15 dividendenstärksten Unternehmen aus dem DAX abbildet, investieren. Et voilà: Dein Sparplan ist aus der Taufe gehoben.

Natürlich geht es an den Börsen nicht immer bergauf. Es kann auch passieren, dass dein Vermögen mal schrumpft und du enorme Verluste hinnehmen musst. Wenn du jedoch langfristig orientiert bist und eine unruhigere Phase an den Börsen psychisch verkraften kannst, dann ist ein ETF-Sparplan bestimmt keine schlechte Idee. Lies hierzu dieses Buch unbedingt bis zum Ende durch, da in Kapitel 8 noch enorm wertvolle Tipps folgen.

Hier noch ein Ratschlag von mir, wie du Gebühren sparen kannst, falls deine Ordergebühren nicht prozentual, sondern absolut berechnet werden. Sollte dein Broker dir also beispielsweise nicht 1 Prozent pro Order abknöpfen, sondern unabhängig von deiner Investitionssumme einen Festbetrag von 5 Euro pro Order berechnen, dann mach es einfach so: Überweise zunächst deinen monatlichen Sparbetrag auf ein Tagesgeldkonto und investiere nur quartalsweise in den ETF. Auch das kannst du mithilfe von Daueraufträgen automatisieren. Du sparst damit Geld, da du nicht jeden Monat 5 Euro für eine Sparrate zahlst, sondern diese Gebühr nur alle drei Monate anfällt. Bei welchem Broker du dein Depot eröffnen kannst und wie sich die Gebühren auf deine Rendite auswirken, siehst du in Kapitel 7.

Vorteile

- Risikominimierung durch Diversifizierung
- Es ist schon mit kleinen Beträgen möglich, breit gestreut zu investieren.
- gute Eignung für Einsteiger
- geringe Kosten
- wenig Aufwand, Sparpläne sind möglich
- mögliche Wertsteigerung

- mögliche jährliche Rendite (Dividende/Zinsen)
- langfristig meist deutlich bessere Rendite als festverzinsliche Anlagen (zum Beispiel Sparbuch)
- meist bessere Rendite als aktiv gemanagte Fonds
- transparent (du weißt, in welche Werte der ETF investiert)

Nachteile

- mögliche Verluste
- keine festgelegte Rendite
- kein Fondsmanager, der bei schlechten Marktlagen eingreifen oder umschichten kann
- Abhängigkeit vom Index: Du bestimmst nicht selbst, welche Einzelwerte mit in den ETF aufgenommen werden.

4.5 Rohstoffe

Rohstoffe werden knapp und Knappheit treibt den Preis nach oben, wodurch wir eine schmackhafte Rendite erhalten, oder? Naja, so banal ist es dann leider doch nicht. Im folgenden Kapitel stelle ich dir einige der möglichen Rohstoff-Investitionen vor und benenne kurz deren Vor- und Nachteile. Die bekanntesten Rohstoffe im **landwirtschaftlichen/industriellen** Bereich sind Kakao, Baumwolle, Kaffee, Zucker, Getreide, Sojabohnen, Öl und Gas.

Dazu nur ganz kurz die »harten Fakten«: Bei manchen Rohstoffen wird durch eine künstliche Verknappung versucht, den Preis in die Höhe zu treiben. Das kennst du vielleicht von der OPEC. Die Abkürzung steht für »Organization of the Petroleum Exporting Countries«. Dabei handelt es sich um eine internationale Organisation der Erdöl exportierenden Länder. Bekannte Mitglieder sind beispielsweise Saudi-Arabien oder die Vereinigten

Arabischen Emirate. Das Ziel dieser Organisation besteht darin, eine gemeinsame Preis- und Mengenpolitik zu betreiben, um die Exporteinnahmen zu erhöhen.* Wenn also wieder eine Nachricht hereingeflattert kommt à la »Die OPEC Staaten reduzieren die Erdölproduktion«, könnte es gut sein, dass der Ölpreis daraufhin steigt. Allerdings sind die OPEC Staaten nicht die einzigen Länder, die Erdöl erzeugen. Die Vereinigten Staaten von Amerika sind ebenfalls einer der größten Erdölexporteure.**

Auch bei landwirtschaftlichen Rohstoffen lässt sich das Angebot nicht immer künstlich verknappen oder ausweiten. Denn bei Weizen, Soja, Mais & Co. ist die Erntemenge immer von den Witterungsbedingungen abhängig. Daher können die angebotenen Mengen auch größeren Schwankungen unterliegen.

Wenn du Rohstoffwerte an der Börse kaufst, investierst du übrigens nicht in physischen Kakao. Du lagerst dir also nicht fünf Tonnen Kakao in deinem Keller ein, sondern du kaufst Zertifikate. Zertifikate sind Schuldverschreibungen eines Emittenten.*** Man kann sie als Wette auf den weiteren Preisverlauf eines Produktes sehen. Zertifikate gelten als riskant und sollten nur von erfahrenen Anlegern genutzt werden, weshalb ich dir als Einsteiger zunächst davon abrate.

Die wichtigsten Rohstoffe im **Bereich der Metalle** sind Gold, Silber, Platin, Palladium, Blei, Nickel und Kupfer. Edelmetalle kannst du sogar in physischer Form kaufen. Das heißt, du kannst dir einen Goldbarren kaufen und ihn einlagern. Doch in der Regel erfolgen Rohstoff-Investments bei Privatanlegern über Zertifikate. Du kannst aber auch Aktien von Unternehmen kaufen,

---

* Prof. Dr. Martin Klein und Dr. Carsten Weerth, https://wirtschaftslexikon.gabler.de/definition/opec-46029/version-368122.

** https://de.tradingeconomics.com/country-list/crude-oil-production.

*** Ein **Emittent** ist ein Herausgeber von Wertpapieren. Bei Aktien handelt es sich dabei um Unternehmen; bei Anleihen kann es sich um Unternehmen, öffentliche Körperschaften, den Staat und andere Institutionen handeln. (https://boersenlexikon.faz.net/definition/emittent/).

die bestimmte Rohstoffe fördern. Indirekt bist du auch damit an der Wertentwicklung von Rohstoffen beteiligt.

Das wahrscheinlich spannendste Edelmetall ist Gold. Es gilt als krisensichere Währung. Wenn die Finanzmärkte verrücktspielen oder Währungen wie der Euro versagen, schlägt die Stunde des Goldes. Gold gilt als sicherstes Zahlungsmittel. Ein totaler Wertverlust ist bei diesem Edelmetall nahezu ausgeschlossen. Wenn es an den Finanzmärkten mal etwas unruhiger wird, steigt oft der Goldpreis. Und selbst wenn der Goldpreis nicht steigt, so bleibt er immerhin mehr oder weniger konstant, was dem Besitzer solcher Güter ein weiches Ruhekissen in schlechten Zeiten bietet. Andersherum muss man beim Gold natürlich damit rechnen, dass der Preis wieder sinkt, sobald die Finanzmärkte wieder in ruhigeres Fahrwasser geraten. Allgemein ist die Renditechance bei Edelmetallen allerdings nicht so hoch wie beispielsweise bei Aktien. Sie bieten eher eine Art der Absicherung.

Vorteile

- mögliche Wertsteigerung
- Schutz vor Inflation, da Rohstoffpreise meist mit der Inflation steigen
- Rohstoffe – und hier vor allem Edelmetalle – sind begrenzt
- gut zur Diversifizierung des Portfolios

Nachteile

- mögliche Verluste
- keine Zinsen oder Dividenden (Wertentwicklung hängt allein von der Preisänderung ab)
- Agrarrohstoffe sind abhängig von Witterung und Klima.
- Viele Rohstoffe, gerade auch im Energiebereich, hängen von politischen Entscheidungen und Konflikten ab.

4.6 Wann nehme ich welche Anlage?

Wie sagen die Juristen so gerne? »Es kommt darauf an ...« Es kommt bei der Geldanlage tatsächlich darauf an, welcher Typ du bist. Dazu möchte ich dir gerne das »magische Dreieck der Geldanlage« vorstellen.

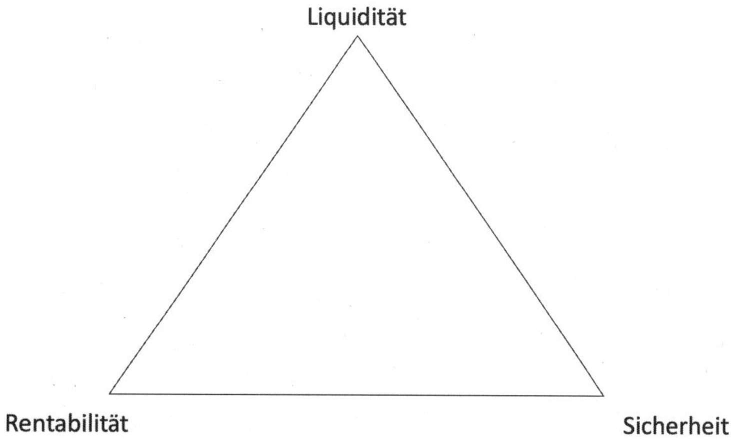

Dargestellt sind hier die drei wichtigsten Faktoren bei der Geldanlage: Die Rendite, die Sicherheit und die Liquidität, also die Verfügbarkeit des Geldes.

Die **Rentabilität** einer Anlage beschreibt das Verhältnis von Gewinn zu Kapitaleinsatz. Wenn du beispielsweise in einem Jahr mit 100 Euro Einsatz nach Abzug der Steuern und Gebühren einen Gewinn von 10 Euro erwirtschaftest, hast du eine Rendite von 10 Prozent. Rendite kannst du durch Wertsteigerungen deines Investments oder aber durch Zinsen und Dividenden einfahren.

Die **Sicherheit** einer Anlage zeigt an, wie wahrscheinlich es ist, dass du dein eingesetztes Geld zurückerhältst. Einige Geldanlagen unterliegen hohen Schwankungen und sind damit riskanter als andere Produkte. Eine Investition in eine Bananenplantage in Brasilien ist mit großer Sicherheit riskanter als ein Sparbuch. Zwar ist auch bei einem Sparbuch ein gewisses Risiko vorhanden (Inflationsrisiko etc.), jedoch gibt es bei den verschiedenen Anlageformen erhebliche Unterschiede beim Thema Sicherheit.

Der dritte Faktor des magischen Dreiecks ist die **Liquidität.** Die Liquidität beschreibt die Verfügbarkeit des Geldes. Wie lange musst du warten, um an dein Geld heranzukommen? Je schneller eine Geldanlage verkauft oder aufgelöst werden kann, desto liquider ist sie. Bei manchen Geldanlagen ist es sehr schwierig, vor Laufzeitende an das eigene Kapital heranzukommen, beispielsweise beim Festgeld auf der Bank. Aktien hingegen kannst du, sofern die Börsen geöffnet haben, jederzeit verkaufen.

Das Problem bei der ganzen Geschichte: Die drei Faktoren stehen in Konkurrenz zueinander. Wenn dir jemand eine Investition verspricht, die du dir jederzeit auszahlen lassen kannst, die kein Risiko enthält und die dir zudem eine Rendite von 10 Prozent pro Jahr erwirtschaftet, frag die betreffende Person ruhig, ob sie Aladin, den Flaschengeist aus der Wunderlampe, beschwören will, um diese drei Wünsche zu erfüllen.

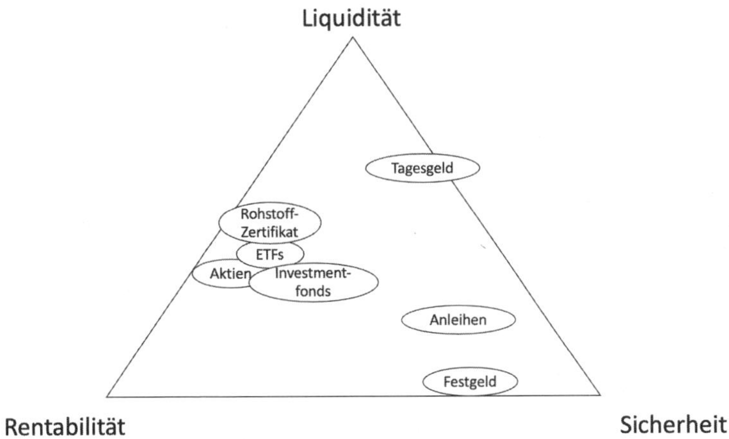

Du musst letztendlich selber entscheiden, welche Anlageform für dich am besten ist. Dabei musst du dich natürlich nicht auf eine einzige Anlageform beschränken. Eine gesunde Mischung ist zu empfehlen. So wie du Aktien von mehreren Unternehmen kaufen kannst, könntest du beispielsweise in Aktien investieren, ETFs kaufen und zugleich ein Sparbuch führen.

Aktien sind sehr liquide und haben hohe Renditechancen, gelten jedoch aufgrund ihrer Schwankungsfreudigkeit als riskant. Tagesgeld ist ebenfalls sehr liquide, bietet eine hohe Sicherheit, wirft dafür jedoch nur eine geringe Rendite ab. Das Festgeld wird als sicher bei einer moderaten Rentabilität eingestuft, bietet jedoch eine geringe Liquidität. Zu den Zielen Rentabilität und Sicherheit lässt sich festhalten: Je höher die Chance auf eine satte Rendite, desto höher ist meist auch das Risiko.

Allgemein kann ich jedoch **Aktien** den Menschen empfehlen, die Zeit, Lust und das nötige Wissen mitbringen, um in Einzelwerte zu investieren. Zusätzlich sollte man die Motivation haben, das Börsengeschehen laufend zu verfolgen. Von dem Spruch, »Kaufen Sie Aktien, nehmen Sie Schlaftabletten und schauen Sie die Papiere nicht mehr an. Nach vielen Jahren werden Sie sehen: Sie sind reich«, von André Kostolany halte ich nicht besonders viel. Niemand kann die Zukunft voraussagen. Du kannst dir folglich nie zu 100 Prozent sicher sein, dass deine Aktien in Zukunft steigen werden. Die Börse ist höchst volatil. Aktien empfehle ich nur Leuten, die sich wirklich aktiv mit dem Thema beschäftigen möchten. Dabei reicht es, wenn du gelegentlich die Märkte verfolgst; du musst nicht jeden Tag top informiert sein. Ebenfalls solltest du dich von den täglichen Nachrichten nicht verrückt machen lassen.

ETFs empfehle ich Menschen, denen es an Zeit und Lust fehlt, sich intensiv mit dem Thema Geldanlage auseinanderzusetzen, die aber dennoch eine breite Streuung ihres Depots erreichen und eine ordentliche Rendite erwirtschaften wollen.

Aktiv gemanagte Aktienfonds empfehle ich Menschen, die nur in gewisse Branchen investieren möchten, die aber nicht die Zeit und Lust haben, die jeweilige Branche intensiv zu analysieren. Beispiele hierfür sind Fonds, die ausschließlich in erneuerbare Energien, in Biotech-Unternehmen oder in Robotik investieren. Du musst für dich selbst entscheiden, welche Branche du persönlich als interessant und Erfolg versprechend empfindest.

Durch Studien wurde belegt, dass die meisten aktiv gemanagten Fonds den Gesamtmarkt langfristig nicht schlagen können und somit schlechter abschneiden als ETFs. Gründe dafür sind beispielsweise die höheren Gebühren sowie die eingeschränkten Handlungsmöglichkeiten der Fondsmanager.

Die Studie »SPIVA Europe Scorecard« der S&P Dow Jones Indices LLC zeigt, dass 70,43 Prozent der aktiv gemanagten, in Euro gehandelten US-Aktienfonds auf Ein-Jahres-Sicht (Mitte 2017 bis Mitte 2018) schlechter abschneiden als der Vergleichsindex S&P 500. Über einen Zeitraum von fünf Jahren stieg der Anteil auf 92,06 Prozent und bei Betrachtung von zehn Jahren schnitten 97,76 Prozent der Fonds schlechter ab als der Vergleichsindex.* Die Studie verdeutlicht, dass die meisten aktiv gemanagten Fonds es nicht schaffen, den Vergleichsindex dauerhaft zu schlagen.

Dazu sei gesagt: Investiere bitte nicht blind in ETFs oder Aktienfonds. Auch mit diesen Anlageformen solltest du dich vorher intensiv auseinandersetzen und den für dich perfekten ETF oder Aktienfonds aus der großen Auswahl der Angebote herausfiltern. Bei der Wahl eines aktiven Fonds besteht die Herausforde-

* https://us.spindices.com/documents/spiva/spiva-europe-mid-year-2018.pdf.

rung für Investoren darin, diejenigen Manager zu identifizieren, denen sie zutrauen, die Wertentwicklung der Indizes zu übertreffen.

Wie du siehst, musst du selbst für dich entscheiden, welche Form der Geldanlage am besten zu dir und deinen Zielen passt. Ich persönlich finde Aktien wahnsinnig spannend und kann jedem eine Auseinandersetzung mit diesem Thema wärmstens empfehlen. Daher beschäftigen sich die nächsten Kapitel intensiver mit Aktien.

5. Grundlagen zum Thema Aktien

5.1 Was ist eine Aktie und warum gehen Unternehmen an die Börse?

Endlich sind wir bei meinem Lieblingsthema angelangt. Starten wir mit den Basics. Was ist eine Aktie, wie funktioniert eine Aktiengesellschaft und warum geben Unternehmen überhaupt Aktien aus?

Eine Aktie ist eine handelbare Beteiligung an einem Unternehmen. Mit einer Aktie bist du demnach Miteigentümer eines Unternehmens deiner Wahl. Wenn du sagst: »Wow, der Elektronikmarkt ist so spannend! Ich möchte unbedingt am Erfolg eines Unternehmens der Elektronikbranche beteiligt sein«, so kannst du dir beispielsweise Unternehmensanteile von Apple an der Börse in Form von Aktien kaufen. Ab dem Zeitpunkt des Kaufs kannst du dich stolz Aktionär nennen und nimmst am Erfolg oder Misserfolg des Unternehmens teil. Dir gehört ein kleiner Teil von Apple. Früher wurden die Anteile noch in Form von Urkunden an die Aktionäre ausgegeben. Mittlerweile läuft das Geschäft mit Wertpapieren jedoch digital über die Konten der Depotbanken.

Unternehmen, die als Rechtsform eine Aktiengesellschaft gewählt haben (kurz: AG), können also unter bestimmten Umständen an die Börse gehen und Unternehmensanteile verkaufen. Doch wieso sollten Unternehmen ihre Anteile verkaufen wollen? Ich erkläre es dir anhand eines Beispiels.

Dein Freund Gregor Grewen verkauft frische Smoothies, die er von Hand presst und in Flaschen abfüllt. Zunächst verkauft er diese Smoothies nur an Freunde und Bekannte sowie auf Wochenmärkten. Gregor sieht, dass das Geschäft mit frisch gepressten Säften sehr gut läuft und beschließt, sein Unternehmen zu vergrößern, um mehr Gewinn zu machen und neue Arbeitsplätze zu schaffen. Da die Nachfrage nach seinen Säften immer weiter steigt und er das Geschäft alleine nicht mehr stemmen kann, stellt er seine Schwester als Angestellte ein. Sie hilft ihm beim Pressen der Säfte, um die gestiegene Nachfrage bedienen zu können. Sein Unternehmen ist auf einem guten Wege und erhöht ständig die Erträge. Weitere Mitarbeiter werden eingestellt, die ihn beim Verkauf, beim Marketing und bei der Buchführung unterstützen.

Gregor hat mittlerweile Hunderte Mitarbeiter und verkauft Tausende Smoothies. Er überlegt sich, eine Maschine zu kaufen, welche die Smoothies automatisiert presst, direkt in Glasflaschen abfüllt und verpackt. So kann Gregor langfristig eine Menge Geld sparen und effizienter produzieren. Damit sein Unternehmen bei der zunehmenden Konkurrenz wettbewerbsfähig bleibt und Arbeitsplätze gesichert werden können, möchte Gregor, dass sein Unternehmen weiterwächst und effizienter produziert.

Die Smoothie-Press-und-Abfüllmaschine ist jedoch nicht günstig. Daher überlegt sich Gregor, wie er an frisches Kapital kommen kann, um diese Maschine kaufen und somit die langfristige Strategie seines Unternehmens sichern zu können. Dazu bieten sich Gregor zwei Möglichkeiten. Er kann sich entweder Fremdkapital von der Bank leihen (also ein Darlehen aufnehmen) oder einen Anteil am Grundkapital seines Unternehmens gestückelt in Aktien verkaufen (an die Börse gehen). Wenn dein Freund Gregor dir nun etwas vom IPO (Initial Public Offering) erzählt, meint er damit den Börsengang.

Das Geld, das die nun von Gregor benannte »Grünzeug AG« durch einen Börsengang einnehmen würde (also durch den Verkauf von Aktien an Investoren) stellt Eigenkapital des Unternehmens dar. Es muss nicht zurückgezahlt werden. Du als Investor kannst dein Geld aber natürlich zurückbekommen – oder noch mehr Geld erwirtschaften, wenn du die Aktie nach einem Kursanstieg weiterverkaufst. Selbstverständlich könnte Gregor die Aktien auch wieder zurückkaufen und somit wieder mehr Anteile an seinem Unternehmen innehaben.

Fremdkapital hingegen erhält das Unternehmen beispielsweise durch einen Kredit von der Bank. Dafür müssen Zinsen gezahlt werden, und der Kredit muss bis zum vereinbarten Zeitpunkt zurückgezahlt werden.

Ein Börsengang hat für Gregor den Vorteil, dass frisches Kapital ins Unternehmen gespült wird, welches er direkt in die Smoothie-Press-und-Abfüllmaschine investieren kann. Zudem können die eigenen Mitarbeiter am Erfolg des Unternehmens beteiligt werden, wenn sie Aktien der Firma besitzen. Sie können die Anteile entweder privat erwerben oder in Form von Bonusprogrammen – beispielsweise bei Erreichen von vereinbarten Gewinnzielen – Aktien erhalten. Das erhöht die Motivation der Angestellten, weiterhin effizient und gewinnbringend zu arbeiten, da sie selber ja auch ein Stück vom Gewinn erhalten, wenn es durch ihre Arbeitskraft und Produktivität für das gesamte Unternehmen gut läuft.

Ein weiterer Vorteil ist, dass die Bekanntheit von Gregors Grünzeug AG durch einen Börsengang gesteigert wird. Nun wissen nicht nur die Menschen aus Buxtehude von den Smoothies der Grünzeug AG, sondern ganz Deutschland oder vielleicht sogar die gesamte Welt. Dadurch können neue Märkte erschlossen und Partnerschaften mit Lebensmittelketten, Supermärkten oder Tankstellen geschlossen werden. Durch die gestiegene

Bekanntheit wird ebenfalls die Nachfrage nach den Smoothies gesteigert, und die neu gekaufte Maschine kann die Aufträge automatisiert abfertigen. Die Früchte werden nun automatisch gepresst, in Glasflaschen abgefüllt und verpackt.

Du siehst also, dass durch einen Börsengang neues Geld ins Unternehmen fließt, welches sinnvoll in weiteres Wachstum investiert werden kann. Darüber hinaus ist ein IPO mit vielen weiteren Vorteilen verbunden. Und da du von deinem Freund Gregor und seiner Vision von Grund auf überzeugt warst und als alteingesessener Vegetarier die Grünzeug AG unterstützenswert findest, hast du dir natürlich auch einige Aktien gesichert und profitierst fortan vom Erfolg des Unternehmens.

Doch um nicht nur die blumigen Seiten des Lebens zu beleuchten, nenne ich dir noch in aller Kürze Nachteile und Pflichten, die für ein Unternehmen mit einem Börsengang einhergehen. So schränkt ein Börsengang die Entscheidungsfreiheit des Vorstands enorm ein. Konnte der bestehende Chef vor dem Börsengang noch alles allein oder im engeren Kreis entscheiden, wird nun über die Zusammensetzung des Vorstands auf der Hauptversammlung abgestimmt und sein Handeln dort auch bewertet. Jeder Aktionär hat ein Recht, mitzusprechen. Zudem erleichtert die Börsennotierung einem Großinvestor oder konkurrierenden Unternehmen die feindliche Übernahme. Ein Börsengang bringt außerdem nicht nur Geld ein, sondern kostet auch etwas. So ist das Unternehmen beispielsweise zur Bilanzierung und Buchführung verpflichtet und die Einhaltung der betreffenden Regeln wird durch externe Prüfer analysiert. Diese Prüfer müssen natürlich auch bezahlt werden. Generell ist ein Unternehmen, welches an der Börse gelistet ist, zu viel mehr Transparenz verpflichtet als beispielsweise die ums Eck gelegene Häuslebauer GmbH mit zehn Mitarbeitern.

Kleiner Exkurs zur Rechtsform der Aktiengesellschaft

- Die AG gilt als juristische Person.
- Die Gründung erfolgt durch eine rechtsfähige Personengesellschaft, natürliche oder juristische Personen.
- Grundkapital (Mindestkapital): 50.000 Euro
- Es besteht keine persönliche Haftung der Gesellschafter (Aktionäre).
- Organe: Vorstand, Aufsichtsrat, Hauptversammlung
- Aufgaben Vorstand: Leitung und Vertretung des Unternehmens
- Aufgaben Hauptversammlung: Entscheidungen über Strategie, Gewinnverwendung (Dividende), Entlastung von Aufsichtsrat und Vorstand
- Aufgaben Aufsichtsrat: Überwachung des Vorstandes und Prüfung der Geschäftsberichte
- Kapitalaufnahme: Eigenkapital (Aktien), Fremdkapital (Banken – Kredite)

5.2 Welche Aktienarten gibt es?

Bei der Unterscheidung von Aktienarten kann zunächst einmal nach ihrer Übertragbarkeit differenziert werden sowie nach den Rechten, die Aktien mit sich bringen.

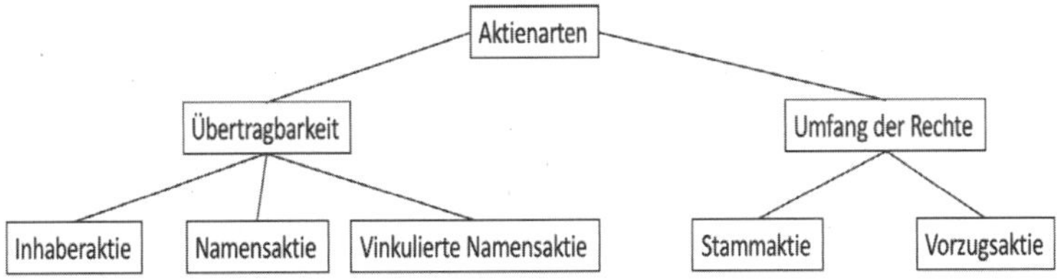

Fangen wir mit der **Übertragbarkeit** von Aktien an. Hier unterscheidet man zwischen Inhaber-, Namens- und vinkulierten Namensaktien.

1. *Inhaberaktien* sind die in Deutschland häufigste und einfachste Aktienart. Sie können ohne Einschränkungen gehandelt werden. Die Namen der Aktionäre sind der Aktiengesellschaft nicht bekannt, und niemand in der AG wird darüber informiert, wenn die Aktien weiterverkauft werden (gilt nicht für Großaktionäre).

2. *Namensaktien* sind im Gegensatz zu Inhaberaktien nicht anonym. Die Daten der Aktionäre (Name, Datum, Adresse, Stückzahl der Aktien etc.) werden im Aktienregister des Unternehmens vermerkt. Beim Verkauf dieser Aktien müssen sämtliche Änderungen im Aktienregister des Unternehmens aufgenommen werden. Der Vorstand weiß also genau, wer die Eigentümer des Unternehmens sind. Ein Vorteil besteht darin, dass die AG die Aktionäre direkt anschreiben und sie beispielsweise zur Hauptversammlung einladen oder ihnen Informationsbriefe zukommen lassen kann. Zudem ist es ein strategischer Vorteil für ein Unternehmen, wenn es die Aktionärsstruktur kennt. Taucht beispielsweise der Name eines großen chinesischen Investors immer häufiger im Aktienregister des Unternehmens auf, dann ahnt das Management, dass dieser Investor möglicherweise eine Übernahme des Unternehmens plant.

3. *Vinkulierte Namensaktien* sind eine Sonderform der Namensaktien und kommen nur selten vor. Sie werden ebenfalls in das Aktienregister des Unternehmens eingetragen. Es gibt jedoch einen Unterschied bei der Übertragbarkeit dieser Aktien. Der Verkauf muss von der Aktiengesellschaft genehmigt werden. Wenn

also jemand von Gregor vinkulierte Namensaktien der Grünzeug AG kaufen will, kann Gregor das demjenigen verbieten. Die betreffende Order wird dann storniert. Vinkulierte Namensaktien haben den Vorteil, dass Unternehmen sich vor feindlichen Übernahmen schützen können und beispielsweise dem chinesischen Investor nicht alle Anteile überlassen müssen. Teilweise ist es den Unternehmen sogar vorgeschrieben, nur vinkulierte Namensaktien auszugeben. Ein Beispiel hierfür ist die Lufthansa AG. Die Lufthansa muss dem im Luftverkehrsabkommen und in den EU-Richtlinien geforderten Nachweis nachgehen, dass deren Aktien zu mindestens 50 Prozent in deutschen Händen liegen.* Auch Unternehmen, die strategisch wichtige Sicherheits- oder Rüstungsgüter herstellen, emittieren in der Regel vinkulierte Namensaktien, um zu verhindern, von Investoren mit fragwürdigen Eigeninteressen übernommen zu werden. Das Wort vinkuliert kommt übrigens aus dem Lateinischen: *Vinculum* und bedeutet so viel wie *Band, Fessel* – das passt.**

Beim Umfang der **Rechte**, die Aktien mit sich bringen, unterscheidet man zwischen Stamm- und Vorzugsaktien.

1. *Stammaktien* sind die »normalen« Aktien und kommen in Deutschland am häufigsten vor. Viele Unternehmen geben sogar nur Stammaktien aus. Mit einer Stammaktie erwirbst du einen Teil des Unternehmens und somit alle Aktionärsrechte. Je mehr Stammaktien du erwirbst, desto größer ist dein Einfluss auf das Unternehmen, da du mit jeder Aktie eine Stimme erwirbst. Komm jetzt bitte nicht auf die Idee, eine Aktie von Facebook zu kaufen, in die USA zu fliegen und Mark Zucker-

* https://www.boerse-online.de/nachrichten/aktien/worin-sich-namensaktien-von-inhaberaktien-unterscheiden-1000846746.

** https://de.langenscheidt.com/latein-deutsch/vinculum (2019).

berg auf einen Kaffee zu treffen, um ihm mal zu erklären, wie Datenschutz zu funktionieren hat. Dafür ist ein größerer Anteil am Unternehmen vonnöten. Mit dem Erwerb von Stammaktien darfst du jedoch an Hauptversammlungen teilnehmen und dort über aktuelle Themen abstimmen. Zusätzlich steht dir, falls das Unternehmen eine Dividende ausschüttet, ein Teil des Jahresüberschusses zu. Solltest du über 25 Prozent, aber weniger als 50 Prozent der Unternehmensanteile erworben haben, hast du zudem die Möglichkeit, bei Hauptversammlungen Beschlüsse zu verhindern, die eine 75 Prozent-Mehrheit erfordern (sogenannte Sperrminorität). Da du aber ein Privatanleger bist, gehen wir hier nicht detaillierter auf dieses Thema ein.

2. *Vorzugsaktien* werden manchmal neben den Stammaktien ausgegeben. Sie haben – objektiv betrachtet – im Vergleich zu Stammaktien einen Vorteil und einen Nachteil. Der Nachteil liegt darin, dass du beim Besitz von »Vorzugsaktien ohne Stimmrecht« kein Stimmrecht hast. Das bedeutet, dass du die Entwicklung des Unternehmens nicht aktiv beeinflussen und auf Hauptversammlungen nicht abstimmen kannst. Als Privatanleger ist das aber halb so wild, da dein Anteil am Unternehmen wahrscheinlich nicht so groß sein wird, dass deine Stimmrechte beim Abstimmungsergebnis zu einem nennenswerten Unterschied führen würden. Der Vorteil, den eine Vorzugsaktie bietet, liegt darin, dass du im Vergleich zur Stammaktie in aller Regel eine etwas höhere Dividende erhältst und der Preis oft geringer ist. Welche Aktienart vorliegt, erkennst du an der Abkürzung, die hinter der Aktie steht. Stammaktien werden häufig mit »St.« und Vorzugsaktien mit »Vz.« abgekürzt. Beispiele für bekannte deutsche Unternehmen, die sowohl Stamm- als auch Vorzugsaktien ausgeben sind BMW, RWE, Sixt, Henkel, Volkswagen und MAN.

Übrigens wird häufig auch nach der Größe einer Aktiengesellschaft unterschieden. Man unterscheidet zwischen Blue Chips, Mid Caps, Small Caps und Penny Stocks – also bitte nicht wundern, wenn dir im Börsenjargon die folgenden Vokabeln immer wieder mal begegnen:

1. *Blue Chips* sind Unternehmen, die sehr groß sind und durch hohen Umsatz sowie Bekanntheit herausstechen. Hierzulande spricht man auch von Standardwerten. In Deutschland sind das vor allem die im DAX notierten Unternehmen. Beispiele für Blue Chips sind Allianz, Siemens, Coca-Cola, McDonald's – Firmen, die allesamt mehrere Milliarden Euro wert sind. Der Name leitet sich übrigens von den blauen Spielchips im Casino ab, die von allen Jetons den höchsten Wert haben.

2. *Mid Caps* sind etwas kleiner als die oben genannten Blue Chips und werden in Deutschland im MDAX gelistet. Die Marktkapitalisierung von Mid Caps liegt meist zwischen 250 Millionen und 1 Milliarde Euro.

3. *Small Caps* sind Unternehmen mit einem Wert von unter 250 Millionen Euro und werden in Deutschland teilweise im SDAX gelistet. Mid und Small Caps zusammen nennt man im Deutschen Nebenwerte.

4. *Penny Stocks* sind Unternehmen, deren einzelne Aktie in der lokalen Währung nicht mehr als eine Einheit beträgt. Wenn du eine Aktie der Grünzeug AG für 90 Cent kaufen kannst, so wird Gregors Unternehmen Penny Stock genannt. In den USA liegt diese Grenze bei etwa 5 Dollar.

5.3 Wie kommt der Aktienkurs zustande und warum verändert er sich?

Wie entsteht eigentlich ein Aktienkurs? Wer legt fest, dass der Aktienkurs der Grünzeug AG 35 Euro beträgt? Werden zu einem bestimmten Zeitpunkt alle Maschinen, Bürostühle, Laptops und sonstiges Inventar des Unternehmens gezählt? Und wird dieser Wert dann durch die ausgegebenen Aktien geteilt, um den Preis der einzelnen Aktie zu ermitteln? Das wird zwar tatsächlich in dieser Art immer wieder gemacht. Aber dieses Vorgehen ergibt dann nur den Buchwert je Aktie und nicht den aktuellen Börsenkurs. Beim aktuellen Börsenkurs eines Unternehmens spielen vor allem die Erwartungen der Investoren für die Entwicklung in der Zukunft eine wesentliche Rolle. Natürlich sind die vergangenen Fundamentaldaten eines Unternehmens auch wichtig. Man sieht beispielsweise, ob das Unternehmen konstant gewachsen ist und stetig die Dividende erhöht hat, oder ob es in Krisen weiterhin profitabel wirtschaften konnte. Aus der Vergangenheit kann man dann selbstverständlich Schlüsse für die Zukunft ziehen und Prognosen anstellen.

Du fragst dich also, ob Gregor es mit seinem Team schafft, mit der Grünzeug AG noch mehr Smoothies zu einem noch besseren Preis zu verkaufen und somit den Erfolg des Unternehmens zu steigern.

Die Anzahl der Aktien multipliziert mit dem aktuellen Kurs einer Aktie bildet die sogenannte Marktkapitalisierung (»Market Cap«) eines Unternehmens. Die Marktkapitalisierung stellt also dar, wie hoch der Kapitalmarkt den Wert eines Unternehmens aktuell einschätzt. Nehmen wir an, dass Gregor 100.000 Aktien ausgegeben hat, die aktuell für 20 Euro an der Börse gehandelt werden. Der Markt bewertet das Unternehmen also mit einer Marktkapitalisierung von 2 Millionen Euro (100.000 Aktien x 20 Euro).

Es gibt verschiedene Kennzahlen, mit denen Börsianer beurteilen, ob diese Marktkapitalisierung – und damit der Kurs jeder einzelnen Aktie – aktuell eher zu niedrig oder zu hoch ist (mehr dazu in Kapitel 6). Kommen die Anleger mehrheitlich zu dem Ergebnis, dass der wahre Wert des Unternehmens viel höher ist als die Marktkapitalisierung, werden sie die Aktie verstärkt nachfragen. Dann steigt der Kurs. Halten die Anleger dagegen die Marktkapitalisierung für zu hoch, dann werden sie die Aktie verstärkt auf den Markt werfen, das Angebot steigt und der Kurs fällt. Der Aktienkurs richtet sich entsprechend nach Angebot und Nachfrage – das erklärt auch, warum er sich ständig ändert.

Doch wie wird jetzt der Preis für eine Aktie an der Börse genau festgelegt? Wie gesagt: Angebot und Nachfrage bestimmen den Preis. Die Aufgabe der Börse ist es, Angebot und Nachfrage bestmöglich auszugleichen, sodass eine möglichst große Anzahl an Aktien gehandelt werden kann und damit ein möglichst hoher Umsatz erzeugt wird. Dazu führt die Börse ein Orderbuch, in dem das Angebot (Verkaufsorders) und die Nachfrage (Kauforders) aufgeführt werden.

Nachfolgend siehst du ein beispielhaftes Orderbuch für die Grünzeug AG. In der linken Spalte siehst du die Nachfrage, in der rechten die Angebote dieser Aktie.

Nachfrage		Angebot	
Anzahl	Preis	Anzahl	Preis
50 Stk.	15 €	20 Stk.	17 €
100 Stk.	19 €	100 Stk.	19 €
200 Stk.	20 €	200 Stk.	20 €
20 Stk.	22 €	100 Stk.	22 €

Szenario 1 (Börsenkurs 15 Euro)

Zu diesem Preis gibt es eine Nachfrage von 370 Aktien, da jeder, der diese Aktie kaufen möchte, zumindest 15 Euro dafür bezahlen würde. Es ist jedoch keiner der Interessenten bereit, die Aktie für diesen Preis zu verkaufen. Ergo wechselt keine Aktie den Besitzer.

Nachfrage		Angebot	
Anzahl	Preis	Anzahl	Preis
50 Stk.	15 €	20 Stk.	17 €
100 Stk.	19 €	100 Stk.	19 €
200 Stk.	20 €	200 Stk.	20 €
20 Stk.	22 €	100 Stk.	22 €

Szenario 2 (Börsenkurs 17 Euro)

Hier haben wir ein Angebot von 20 Aktien. Die Nachfrage liegt bei 320 Aktien, da alle die Aktien für 17 Euro kaufen würden, bis auf den einen Nachfrager, der nur 15 Euro zahlen würde. Da jedoch nur 20 Aktien zu diesem Preis angeboten werden, wechseln nur 20 Aktien den Besitzer. Auch das scheint nicht der optimale Preis zu sein.

Nachfrage		Angebot	
Anzahl	Preis	Anzahl	Preis
50 Stk.	15 €	20 Stk.	17 €
100 Stk.	19 €	100 Stk.	19 €
200 Stk.	20 €	200 Stk.	20 €
20 Stk.	22 €	100 Stk.	22 €

Szenario 3 (Börsenkurs 19 Euro)

Auf der Angebotsseite sehen wir 120 Aktien. Nachgefragt werden zu diesem Preis ebenfalls 320 Stück. Es würde also zu einem Preis von 19 Euro einen Umsatz von 120 Aktien geben, da nur 120 Aktien zu diesem Preis angeboten werden.

Nachfrage		Angebot	
Anzahl	Preis	Anzahl	Preis
50 Stk.	15 €	20 Stk.	17 €
100 Stk.	19 €	100 Stk.	19 €
200 Stk.	20 €	200 Stk.	20 €
20 Stk.	22 €	100 Stk.	22 €

Szenario 4 (Börsenkurs 20 Euro)

Auf der Angebotsseite haben wir nun 320 Aktien, die einer Nachfrage von 220 Aktien gegenüberstehen. Zu einem Preis von 20 Euro würden demnach 220 Aktien den Besitzer wechseln.

Nachfrage		Angebot	
Anzahl	Preis	Anzahl	Preis
50 Stk.	1 5 €	20 Stk.	17 €
100 Stk.	19 €	100 Stk.	19 €
200 Stk.	20 €	200 Stk.	20 €
20 Stk.	22 €	100 Stk.	22 €

Szenario 5 (Börsenkurs 22 Euro)

Zu diesem Preis werden 420 Aktien angeboten, da jeder, der die Aktie der Grünzeug AG besitzt, diese für 22 Euro verkaufen würde. Nachgefragt werden zu diesem Preis jedoch nur 20 Stück, weshalb auch nur 20 Aktien den Besitzer wechseln würden.

Nachfrage		Angebot	
Anzahl	Preis	Anzahl	Preis
50 Stk.	15 €	20 Stk.	17 €
100 Stk.	19 €	100 Stk.	19 €
200 Stk.	20 €	200 Stk.	20 €
20 Stk.	22 €	100 Stk.	22 €

Die Aufgabe der Börse ist der bestmögliche Ausgleich von Angebot und Nachfrage. Bei einem Kurs von 20 Euro würden mit 220 Stück am meisten Aktien den Besitzer wechseln. Daher beträgt der aktuelle Börsenkurs der Grünzeug AG Aktie 20 Euro.

Preis	Nachfrage	Angebot	Umsatz
15 €	370	0	0
17 €	320	20	20
19 €	320	120	120
20 €	220	320	220
22 €	20	100	20

Der Kurs einer Aktie ändert sich also ständig, weil sich ja auch Angebot und Nachfrage ständig ändern. Es gibt viele verschiedene Faktoren, die einen Einfluss auf die Preisbildung haben:

- **Allgemeine Wirtschaftslage und Konjunktur**: Hier wird zum Beispiel auf die Arbeitslosenquote, das Konsumverhalten und die Konjunkturdaten geschaut. Fallen die Werte besser aus als erwartet, steigen in der Folge die Kurse. Ist die allgemeine Wirtschaftslage unruhig oder unvorhersehbar, herrscht auch an den Börsen Unruhe.

- **Aktuelle Lage sowie Zukunftsaussichten des Unternehmens**: Geht es dem Unternehmen gut? Hat das Unternehmen viele Schulden? Wie hoch sind die Marktanteile? Wie gut ist das Unternehmen für die Zukunft positioniert? Kann das Unternehmen weiterhin so stark wachsen? Diese Fragen und noch viele mehr beeinflussen den Aktienkurs.

- **Gewinnwarnungen**: Wenn das Unternehmen anstatt der prognostizierten 200 Millionen Euro Gewinn fürs laufende Geschäftsjahr »nur« noch 180 Millionen Euro Gewinn in Aussicht stellt, sinkt der Kurs einer Aktie für gewöhnlich stark. Gewinnwarnungen und Abweichungen von Prognosen der Analysten haben zumindest kurzfristig einen enormen Einfluss auf den Preis einer Aktie.

- **Übernahmespekulationen**: Wenn in den Medien über eine Übernahme spekuliert wird, also darüber, ob jemand ein Unternehmen aufkaufen oder sich einen großen Anteil des Unternehmens sichern will, so steigen die Kurse des betreffenden Unternehmens (Achtung: Das gilt nur für die Stammaktien. Vorzugsaktien haben keine Stimmrechte, weshalb sie dem Aufkäufer keine Mehrheit bringen können; daher steigen die Vorzugsaktien im Zuge von Übernahmen nicht oder zumindest nicht so stark wie Stammaktien). Der Kurs des kaufenden Unternehmens erleidet dabei meist einen Rücksetzer, da durch den Kauf einer anderen Firma zunächst Kapital aus dem Unternehmen fließt.

- **Politik**: Ein stabiles politisches Umfeld ist sehr wichtig für die Börse. Wenn in den Nachrichten wieder mal von einem Handelsstreit zwischen China und den USA die Rede ist, ist das (zumindest kurzfristig) nicht förderlich für die Entwicklung an den Börsen.

- **Branchentrends**: Beispiele für aktuelle Branchentrends sind die Technologie-, die Solar-, Biotech- und Cannabis-Branche. Solche Trends sind meist nicht von langfristiger Natur, was die Börsenkurse dieser Unternehmen beeinflusst. Manchmal gibt es kurzfristig einen regelrechten Hype. Eine hohe Volatilität ist bei solchen Wertpapieren keine Seltenheit.

- **Charttechnik:** Manche Anleger beziehen praktisch all ihre Informationen aus dem bisherigen Kursverlauf, da sie davon ausgehen, dass aktuelle Entwicklungen darin eingepreist werden. Aus diesem Kursverlauf leiten sie dann Rückschlüsse zur möglichen künftigen Kursentwicklung ab, was sich ebenfalls auf Angebot und Nachfrage auswirkt (mehr dazu erfährst du in Abschnitt 6.3).

- **Zins**: Auch die Zinsen haben einen großen Einfluss auf die Börsen. Wenn die US-Notenbank Fed Zinssenkungen ankündigt, treibt das die Aktienkurse an. Grund dafür ist, dass Aktien und Anleihen sozusagen im Wettbewerb um das Geld der

Anleger stehen. Sind die Zinsen hoch, dann ist es für Anleger interessanter, das Geld in Anleihen zu stecken. Sind die Zinsen dagegen niedrig, dann werden die renditeträchtigeren Aktien auf einmal attraktiver als Festgeldanlagen.

Wie sich einige dieser Punkte auf den Aktienkurs auswirken können, siehst du anhand der folgenden Beispiele. Fangen wir mit der Gewinnwarnung an.

Beispiel 1: Gewinnwarnung

Chart von SGL-Carbon, März bis November 2019, Quelle: TradingView.com

Beim Unternehmen SGL Carbon kann man die Auswirkung einer Gewinnwarnung auf den Preis der Aktie sehr gut erkennen. Am Abend des 14. August 2019 meldete das Unternehmen, dass die Jahresprognose nicht erreicht werde. Statt eines EBIT von circa 65 Millionen rechneten die Verantwortlichen nun mit einem Verlust im einstelligen Millionenbereich. Zusätzlich wurden die Ziele für die Jahre 2020 bis 2022 gestrichen. Gleichzeitig verkündete der Geschäftsführer, Jürgen Köhler, dass er zum 31. August 2019 zurücktreten werde. Diese Informationen ließen den Kurs der SGL Carbon-Aktie am darauffolgenden Tag, dem 15. August 2019, um circa 30 Prozent auf 3,81 Euro pro Anteilsschein fallen.

Beispiel 2: Übernahmespekulationen

Die Auswirkung auf den Preis einer Aktie bei einem Übernahmeangebot lässt sich anhand des Lichtherstellers OSRAM sehr gut darstellen.

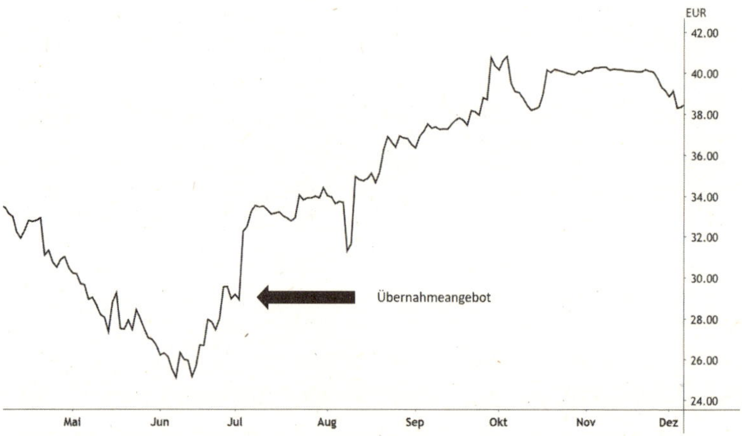

Chart von OSRAM Licht AG, April bis Dezember 2019, Quelle: TradingView.com

Am 3. Juli 2019 vermeldete OSRAM, von Finanzinvestoren ein verbindliches Kaufangebot von je 35 Euro pro Aktie erhalten zu haben. Diese Nachricht trieb den Preis der OSRAM-Aktie an nur einem Tag um circa 11 Prozent auf 32 Euro nach oben.

Beispiel 3: Branchentrends

Um dir ein Beispiel zum Thema Branchentrends und Branchenhypes zu geben, können wir uns das Chartbild der Tilray-Aktie anschauen. Tilray ist ein kanadisches Pharma- und Cannabisunternehmen und gehört zu den führenden Unternehmen im Bereich der Herstellung und Erforschung von medizinischem Cannabis.

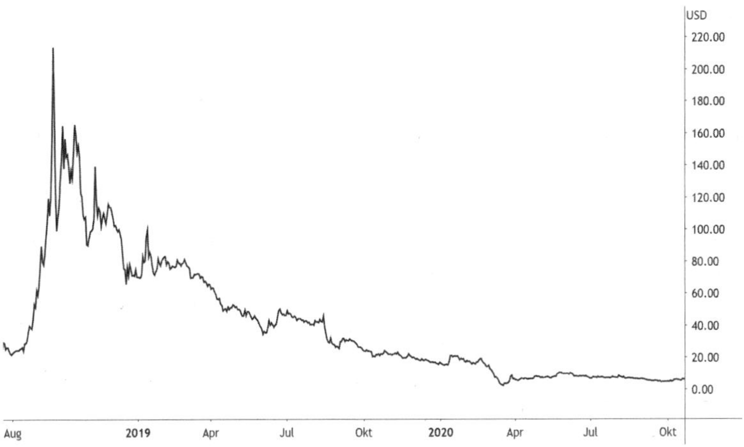

Chart von Tilray Inc., Juli 2018 bis Oktober 2020, Quelle: TradingView.com

Die Tilray-Aktie ist ein Paradebeispiel für einen Aktien- beziehungsweise einen Branchenhype. Die Entwicklung erinnert an die Dotcom-Blase, über die du in Kapitel 5.5 mehr erfahren wirst. Ende Juli 2018 ging das Unternehmen als erstes Cannabisunternehmen an die Börse in New York. Die Aktie pendelte zunächst einen Monat lang bei circa 30 Dollar. Dann begann ein enormer Hype um das Wertpapier. Am 19. September, nicht mal einen Monat später, notierte die Aktie am Höchststand bei rund 300 Dollar. Das machte ein Kursplus von rund 900 Prozent. Das

Ganze vollzog sich natürlich unter extremer Volatilität. An diesem Tag schwankte der Kurs zwischen 180 Dollar und 300 Dollar. Nichts für schwache Nerven. Anschließend ist der Wert der Aktie implodiert und wieder auf 100 Dollar gefallen. Du siehst im Chart zunächst einen erneuten kurzen Aufschwung, doch die Zeit danach verlief nicht gerade rosig und die Aktie lag zuletzt bei nur noch 6 Dollar.*

5.4 Alle Informationen zur Dividende und Steuern

Grundsätzlich ist die Dividende der Teil des Gewinns einer Aktiengesellschaft, den das Unternehmen an die Aktionäre ausschüttet. Dabei ist die Dividende nicht nur vom Gewinn des Unternehmens, sondern auch von der Strategie beziehungsweise der Gewinnverwendung abhängig. So erhält man bei einigen Unternehmen gar keine Dividende, da der Gewinn vollständig für erneute Investitionen genutzt wird. Das ist häufig bei Technologie- und Biotech-Unternehmen zu beobachten. Ein Recht auf Dividendenzahlungen hat man als Aktionär also nicht, auch wenn das Unternehmen Gewinne einfährt. Dividenden sind zwar kein eindeutiges Kaufargument, eine stetig wachsende Dividende ist in Zeiten der Nullzinspolitik (die wir in Europa wahrscheinlich noch ein paar Jahre sehen werden) jedoch eine gute Basis für den Vermögensaufbau.

Die Festlegung der Dividendenhöhe erfolgt durch den Vorstand und den Aufsichtsrat, sie bedarf jedoch der Zustimmung der Aktionäre. So macht der Vorstand einen Vorschlag für die Dividendenhöhe, und die Eigentümer (Aktionäre) stimmen darüber auf der Hauptversammlung ab und beschließen diese.

* Stand: November 2020.

Die Häufigkeit der Dividendenzahlungen ist unterschiedlich. In Deutschland ist es üblich, einmal pro Jahr die Dividenden zu zahlen. In vielen Ländern wird hingegen quartalsweise oder halbjährlich ausgezahlt, wie beispielsweise in den USA oder Großbritannien. Die Dividende wird dann automatisch in deinem Depot verbucht.

Du fragst dich jetzt vielleicht, ob es nicht sinnvoll ist, die Aktie einen Tag vor der Dividendenauszahlung zu kaufen und direkt nach der Ausschüttung zu verkaufen. Gut kombiniert, Watson! Aber leider lautet die Antwort »nein«. Nach der Hauptversammlung kommt es zu einem sogenannten Dividendenabschlag. Einen Tag, nachdem die Dividende beschlossen wurde, wird die Aktie als ex Dividende gehandelt. Das bedeutet, dass die Aktie um den Wert der Dividendenauszahlung fällt. Dabei ist der Dividendenstichtag der Tag, an dem die Hauptversammlung stattfindet. Es erhalten nur die Aktionäre eine Dividende, die eine Aktie am Dividendenstichtag besitzen. Bei intaktem Börsenklima und starker wirtschaftlicher Gesamtlage sowie guter Situation des Unternehmens ist dieser Abschlag jedoch recht schnell wieder aufgeholt.

Dazu das Beispiel der Grünzeug AG:

Frühjahr 2020	Dividendenvorschlag von Gregor und übrigem Vorstand
12.05.2020	Hauptversammlung und Dividendenbeschluss
12.05.2020	Dividenden-Stichtag (Aktienkurs dann: 20 €)
13.05.2020	Handel ex Dividende (20 € - 1 € = 19 €)
14.05.2020	Dividendenauszahlung (1 €)

Gregor schlägt gemeinsam mit seinem Vorstand im Frühjahr für die Grünzeug AG eine Dividende von 1 Euro pro Aktie vor. Am 12. Mai 2020 findet die Hauptversammlung statt, bei der die Aktionäre dieser Dividende zustimmen (Dividendenstichtag). Am Tag der Hauptversammlung ist eine Aktie des Unternehmens 20 Euro wert. Am Tag nach der Hauptversammlung (13. Mai 2020) wird die Aktie als Ex-Dividende gehandelt und der Wert beträgt nur noch 19 Euro pro Aktie. Die Aktionäre erhalten anschließend (am 14. Mai 2020) die Dividendenauszahlung in Höhe von 1 Euro pro Aktie.

Dieser Dividendenabschlag ist ökonomisch betrachtet auch sinnvoll, denn das Unternehmen besitzt nach Auszahlung der Dividende weniger Kapital, wodurch die Aktie folgerichtig zunächst um den Wert dieses Kapitals sinkt.

Eine wichtige Kennzahl im Hinblick auf die Dividende ist die Dividendenrendite. Diese kannst du berechnen, indem du die ausgeschüttete Dividende durch den Aktienkurs teilst und das Ergebnis mit 100 Prozent multiplizierst. Im Beispiel der Grünzeug AG haben wir also eine Dividendenrendite von 5 Prozent (1 Euro / 20 Euro × 100) erwirtschaftet.

Wenn du auf der Suche nach starken Dividendentiteln in Deutschland bist, kannst du dir beispielsweise den DivDAX anschauen. Nachfolgend habe ich dir ein paar Tabellen vorbereitet, in denen du Unternehmen findest, die eine hohe Dividende auszahlen.

Ausgewählte Dividendentitel aus dem DAX		
Unternehmen	Branche	Dividendenrendite 2019
Allianz SE	Versicherungen	4,31 %
Munich RE	Versicherungen	4,15 %
Deutsche Telekom AG	Telekommunikation	4,51 %
Daimler AG	Automobil	6,39 %
BMW AG	Automobil	5,01 %
Covestro	Chemie	4,34 %
BASF SE	Chemie	4,39 %
Bayer AG	Chemie	4,55 %
RWE AG	Energie	3,10 %
E.ON AG	Energie	4,46 %
Vonovia	Immobilien	2,95 %
Siemens AG	Industrie	3,81 %

Quelle: www.dividendenchecker.de

Ausgewählte Dividendentitel aus dem MDAX		
Unternehmen	Branche	Dividendenrendite 2019
Telefonica	Telekommunikation	9,46 %
ProSiebenSat1	Medien	7,66 %
Areal Bank AG	Bank	7,22 %
Alstria REIT AG	Immobilien	3,65 %
TAG Immobilien AG	Immobilien	3,66 %
Evonik	Energie	4,59 %
Hochtief AG	Infrastruktur	4,07 %

Quelle: www.dividendenchecker.de

Ausgewählte Dividendentitel aus SDAX und TecDAX		
Unternehmen	Branche	Dividendenrendite 2019
DIC Asset	Immobilien	4,58 %
Hamborner REIT AG	Immobilien	4,93 %
Schaeffler AG	Automobil	6,71 %
Amadeus FiRe AG	Personaldienstleistung	3,78 %
Talanx	Versicherungen	4,07 %
Siltronic AG	Halbleiter	5,97 %
Software AG	Software	2,32 %
SAP SE	Software	1,33 %
Bechtle AG	IT-Dienstleistung	0,90 %

Quelle: www.dividendenchecker.de

Ausgewählte Dividendentitel aus dem Stoxx 50		
Unternehmen	Branche	Dividendenrendite 2019
AXA	Versicherungen	5,66 %
BNP Paribas S.A.	Bank	2,92 %
Diageo	Getränke / Tabak	2,56 %
Sanofi	Pharma	3,49 %
Intesa Sanpaolo	Bank	8,08 %
TOTAL S.A.	Energie	5,51 %
Shell	Energie	6,64 %

Quelle: www.finanzen.net

Ausgewählte Dividendentitel aus dem Dow Jones		
Unternehmen	Branche	Dividendenrendite 2019
Chevron Corp.	Energie	3,94 %
Coca-Cola Co.	Nahrung	2,89 %
IBM Corp.	Hardware/Software	4,74 %
McDonald's Corp.	Nahrung	2,38 %
Johnson & Johnson	Pharma/Chemie	2,56 %
Procter & Gamble Co.	Nahrung/Konsumgüter	2,55 %
Verizon Inc.	Telekommunikation	3,95 %

Quelle: www.finanzen.net

Zum Abschluss des Kapitels sprechen wir noch kurz die Steuern an. Ja, ich weiß, es ist kein beliebtes, aber ein notwendiges Thema. Kapitalerträge stellen Gewinne aus deinen Geldanlagen dar, wie beispielsweise der Gewinn durch Aktienverkauf, Dividenden und Zinsen. Für diese Erträge musst du als Anleger Steuern zahlen, genauer gesagt Kapitalertragssteuer. Seit 2009 ist dies die sogenannte Abgeltungssteuer, deren Steuersatz bei 25 Prozent liegt. Hinzu kommt noch der Solidaritätszuschlag, der bei der Abgeltungssteuer 1,375 Prozent beträgt. Wenn du nicht zusätzlich noch eine Kirchensteuer zahlen musst (weitere 2,00 beziehungsweise 2,25 Prozent), kommst du also auf eine Steuerlast von 26,375 Prozent für Erträge aus Kapitalanlagen.

Bei der Abgeltungssteuer handelt es sich um eine Quellensteuer. Quellensteuer bedeutet, dass die Kapitalerträge nicht im Nachhinein in der Steuererklärung angegeben und entsprechend besteuert werden, sondern die Steuer im Normalfall vom Kreditinstitut direkt an das Finanzamt abgeführt wird. Das solltest du jedoch bei deinem Broker noch einmal zu deiner Sicherheit abklären.

Beim Thema Steuern ist es wichtig zu erwähnen, dass dir als Anleger ein Sparerfreibetrag von 801 Euro pro Jahr zur Verfügung steht. Bei Ehepaaren mit gemeinsamer Kontoführung liegt dieser Freibetrag bei 1.602 Euro. Hast du also einen Freistellungsauftrag eingereicht, so werden erst dann Steuern fällig, wenn du in einem Jahr mehr als 801 Euro (Sparerpauschbetrag) Gewinn durch Aktien, Dividenden oder Zinsen erwirtschaftest.

Zudem kannst du Aktiengewinne und Aktienverluste im gleichen Jahr miteinander verrechnen. Wenn du beispielsweise in einem Jahr durch einen Verkauf deiner Allianz-Aktien 10.000 Euro Gewinn realisiert hast, werden automatisch von deiner Depotbank 2.637,50 Euro an das Finanzamt abgeführt (Abgeltungssteuer + Solidaritätszuschlag, ohne Kirchensteuer). Hast du im selben Jahr mit den Aktien von Gregors Grünzeug AG 2.000 Euro Verlust gemacht, so erhältst du 527,50 Euro von den bereits abgeführten Steuern zurück, da sich deine Steuerlast für Kapitalerträge in diesem Jahr verringert.

Bei Dividenden von ausländischen Unternehmen gibt es noch eine Besonderheit, auf die du achten solltest. Da die Steuer auf Dividenden von ausländischen Unternehmen oft direkt im jeweiligen Land abgeführt wird (Quellensteuer) und du auch in Deutschland mit der Abgeltungssteuer besteuert wirst, zahlst du zunächst doppelt. Um eine doppelte Besteuerung von ausländischen Dividenden zu umgehen, hat die Regierung mit vielen Ländern ein Doppelbesteuerungsabkommen abgeschlossen.

Du kannst als Anleger einen Teil der ausländischen Quellensteuer auf die Abgeltungssteuer anrechnen lassen. Dabei handelt es sich um 15 Prozent. Die restlichen 10 Prozent werden wieder automatisch angerechnet, sodass sich zusammen die Abgeltungssteuer von 25 Prozent ergibt. Problematisch wird es allerdings, wenn die Quellensteuer im Ausland mehr als 15 Prozent beträgt, da ja nicht mehr als 15 Prozent direkt angerechnet werden können. Dann bist du als Anleger selbst in der Verantwortung, dir die zu viel gezahlte, im Ausland einbehaltene Steuer zurückzuholen. Unter Umständen kann dieser Prozess sehr aufwendig sein und wird sich bei kleinen Dividendenzahlungen kaum lohnen. Für die Erstattung musst du einen schriftlichen Antrag bei der jeweiligen Finanzbehörde stellen, was mal mehr, mal weniger kompliziert ist und bis zur Erstattung womöglich einige Geduld erfordert. Die notwendigen Formulare findest du beim Zentralamt für Steuern. Für weitere Informationen solltest du dich bei diesem Thema an deinen Broker oder deine Depotbank wenden, da die Steuersätze von Land zu Land unterschiedlich sind. Wenn du beispielsweise eine Aktie aus Italien besitzt, die Dividenden ausschüttet, so werden 20 Prozent direkt als Quellensteuer abgeführt (Steuersatz in Italien: 20 Prozent). 15 Prozent kannst du dir in Deutschland direkt auf die Abgeltungssteuer anrechnen lassen, 5 Prozent musst du dir jedoch in diesem Fall von der italienischen Finanzbehörde zurückholen, da du diese zu viel gezahlt hast.

Nice to know:
Das durch die Abgeltungssteuer eingenommene Kapital der Bundesrepublik Deutschland belief sich im Jahr 2019 auf 5,146 Milliarden Euro.*

---

* https://www.bundesfinanzministerium.de/Content/DE/Standardartikel/Themen/Steuern/Steuerschaetzungen_und_Steuereinnahmen/2020-01-31-steuereinnahmen-kalenderjahr-2019.pdf?__blob=publicationFile&v=5.

5.5 Zum besseren Verständnis von Aktienmärkten: Börsencrashs

Um dir ein besseres Verständnis für das Verhalten von Investoren und deren Auswirkungen auf die Aktienmärkte zu geben, möchte ich kurz drei der jüngsten Krisen an den Finanzmärkten ansprechen: die Dotcom-Blase (auf die ich bereits hingedeutet habe) Anfang der 2000er-Jahre, die Finanzkrise 2008/2009 und die Coronakrise 2020.

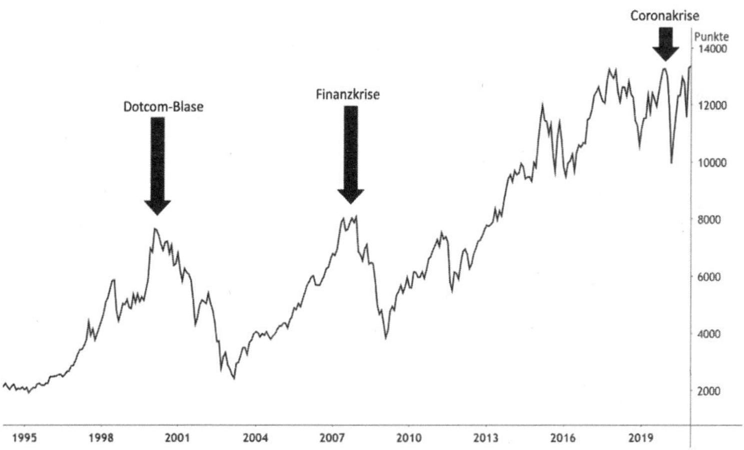

Chart vom DAX seit 1995, Quelle: TradingView.com

Dotcom Blase

Das Platzen der Dotcom-Blase beziehungsweise der Internetblase, sprich der Zusammenbruch der New Economy, spielte sich Anfang der 2000er-Jahre ab. Es gab damals zunächst einen enormen Hype um Internetfirmen, da der Wirtschaftszweig der digitalen Technologie mithilfe des Internets und des Mobiltelefons gerade erst zu sprießen begann.

Ende der 1990er-Jahre wurde eine große Zahl neuer Unternehmen gegründet, von denen viele an die Börse gehen wollten. Durch den Hype dieser Branche und die Hoffnung auf steigende Börsenkurse fanden die Unternehmen eine Vielzahl an Investoren. Aktien waren zu dieser Zeit sehr beliebt und Hinz und Kunz kauften Wertpapiere, obwohl sie als Kleinanleger teilweise von Tuten und Blasen keine Ahnung hatten. Fundamentalanalyse? Stabile Wachstumszahlen und verlässliche Jahresabschlüsse? Ach, komm hör auf! Hauptsache an einem Hype teilnehmen.

Der DAX stieg im Winter 1999/2000 auf über 8.000 Punkte. Doch im März 2000 begannen die Kurse wieder zu sinken. Der DAX fiel binnen drei Jahren auf unter 3.000 Punkte. Das ist ein Kursverlust von über 63 Prozent.

Da die hohen Erwartungen der Investoren von den Technologiefirmen nicht eingehalten werden konnten, mussten viele von diesen Unternehmen große Kursverluste hinnehmen und teilweise Insolvenz anmelden. Die Börsenkurse befanden sich in einer Abwärtsspirale. Vor allem uninformierte Kleinanleger verpassten die Chance zu einem rechtzeitigen, guten Ausstieg und warfen die Aktien letztendlich für Spottpreise auf den Markt. Die Dotcom-Blase war geplatzt und die Anleger mussten einsehen, dass viele der vermeintlich Erfolg versprechenden Zukunftstechnologien nichts als heiße Luft waren.

Natürlich fielen dem nicht alle Technologiefirmen zum Opfer. Amazon beispielsweise musste zwar damals auch deutliche Kursverluste einbüßen, überlebte diesen Crash jedoch und ist nun ein den Markt dominierender Blue Chip. Amazons Kurs fiel damals innerhalb von zwei Jahren von circa 106 Dollar auf ungefähr 6 Dollar. Nun notiert eine Amazon-Aktie bei rund 1.800 Dollar.* An diesem Beispiel sieht man, dass Crashs eine

* Stand: Dezember 2019.

wunderbare Möglichkeit bieten, Aktien günstig nachzukaufen. Dazu mehr im enorm wichtigen Kapitel 8 (»Die goldenen Regeln im Aktienhandel«).

Finanzkrise 2008/2009

Weitere Turbulenzen an der Börse gab es durch die Finanzkrise 2008/2009. Auslöser dieser Krise war eine gelockerte Kreditvergabe für Immobilien in den USA. Alle möglichen Hauskäufer erhielten Immobilienkredite und kauften sich ein schönes Eigenheim, obwohl ihre Kreditwürdigkeit dafür eigentlich zu schlecht war. Die Zinsen waren zu dieser Zeit sehr niedrig, und die Wertenwicklung von US-Immobilien schien damals nur eine Richtung zu kennen: nach oben.

Nach einiger Zeit hob die Fed die Leitzinsen an (siehe Leitzinsgrafik unten), wodurch bei variablen Zinssätzen die erforderlichen Zinszahlungen stiegen. Nun bekamen die Kreditnehmer ein Problem, da sie die Kredite nicht zurückzahlen konnten. Die Häuser waren bei der Bank als Sicherheit hinterlegt, gingen in deren Besitz über und wurden geräumt. Die Banken versuchten, die Häuser möglichst schnell wieder zu verkaufen, wodurch das Angebot an Häusern extrem hoch, die Nachfrage jedoch gering war. Was haben wir aus dem Zusammenspiel von Angebot und Nachfrage gelernt? Richtig, die Preise der Häuser sanken durch das Überangebot. Die Kredite waren jedoch zu Paketen gebündelt und in einzelne Wertpapiere gestückelt worden als »verbriefte Kreditderivate«*. Diese Papiere wurden unverkäuflich und trieben viele Banken in den Ruin. Die amerikanische Großbank Lehman Brothers brach deswegen in sich

* Kreditderivate sind handelsfähige Finanzinstrumente, mit denen sich Banken und Fonds gegen Verluste schützen können – kannst du dir wie eine gestückelte Kreditausfallversicherung vorstellen.

zusammen und musste Insolvenz anmelden, weil die USA sich weigerten, sie mit staatlichen Rettungspaketen vor dem Untergang zu bewahren.

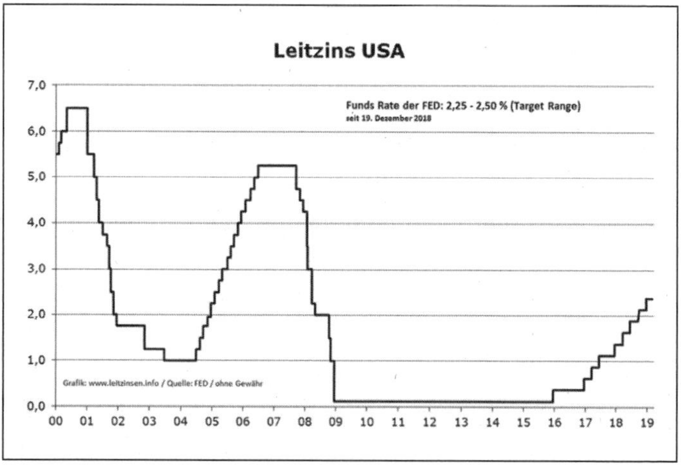

Quelle: www.leitzinsen.info

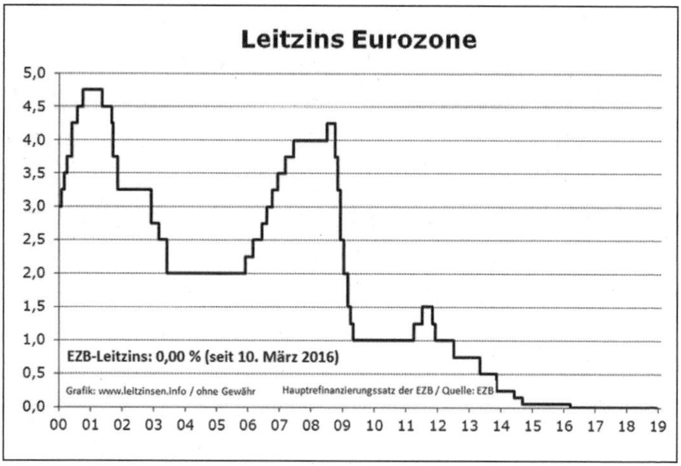

Quelle: www.leitzinsen.info

Aufgrund dieser Krise wurden die Leitzinsen der Zentralbanken erheblich gesenkt, um Geld in den Markt zu pumpen, Liquidität zu fördern und den Banken zu helfen. Die Auswirkungen dieser Finanzkrise zeigten sich ebenfalls in den Aktienkursen. Der DAX fiel binnen zwei Jahren von circa 8.000 Punkten auf circa 3.700 Punkte ab. Ein Kursverlust von rund 54 Prozent. Für mutige Anleger, die in dieser Zeit Aktien nachkauften, war das eine Goldstunde.

Die niedrigen Zinsen sowie die Folgen in vielen Ländern sehen wir heute noch – auch im europäischen Raum. Da die Banken gerettet werden mussten, verschuldeten sich viele Staaten, und haben dadurch bis heute Probleme. So zum Beispiel Griechenland. Für einen detaillierten Verlauf der Finanzkrise mit Entstehungsgründen, Verlauf und Gegenmaßnahmen empfehle ich dir die Internetseite www.bundestag.de.*

Coronakrise 2020

Auch die jüngsten Auswirkungen der globalen Corona-Pandemie hatten erhebliche Auswirkungen auf die Finanzmärkte. So fiel der Kurs vom DAX von 13.789 Punkten (19. Februar 2020) innerhalb weniger Wochen auf 8.441 Punkte (18. März 2020). Das macht einen Wertverlust von rund 39 Prozent in nur einem Monat. In dieser Zeit herrschten extreme Unsicherheit und Volatilität an den Märkten, besonders getrieben durch die »Lockdowns« in mehreren Ländern sowie tägliche negative Meldungen in den Nachrichten. Was an dieser Krise interessant war: Die Technologie-Werte sanken ebenfalls so schnell, erholten sich aber wesentlich schneller als der Rest des Marktes und galten als »Profiteure der Krise«.

* https://www.bundestag.de/resource/blob/409652/69ed4dc7fa37c7fa3158d8b5ce274584/wd-4-075-09-pdf-data.pdf.

Grundsätzlich kann man sagen, dass sich die Weltwirtschaft in einem permanenten Aufschwung befindet. Natürlich gibt es zwischenzeitlich immer mal wieder Erholungsphasen, und sicher wird es auch irgendwann wieder an der Börse krachen. Wann genau das sein wird, kann jedoch niemand sagen. Es empfiehlt sich, durchgehend an steigenden Kursen teilzunehmen, gleichzeitig sollte jedoch eine Cash-Reserve aufgebaut werden, um im Falle eines Crashs günstige Qualitätsaktien nachkaufen zu können. In turbulenten Phasen sind Wertpapiere von exzellenten Unternehmen zu einem phänomenalen Kurs erwerblich. Zudem sollte man stets aufmerksam sein und gegebenenfalls Positionen mit Gewinn schließen, wenn man merkt, dass sich ein möglicher Crash anbahnt.

6. Aktienanalyse: Wie finde ich die richtige Aktie?

Bei der Aktienanalyse kann man grundsätzlich zwischen fundamentaler und technischer Analyse unterscheiden. Die fundamentale Analyse bezieht sich auf Unternehmens- und Marktdaten, während sich die technische Analyse mit dem Chartbild einer Aktie befasst. Meiner Meinung nach ist eine Mischung von fundamentaler und technischer Analyse sinnvoll. Denn dein Ziel sollte darin bestehen, Aktien zu finden, die aktuell im Branchenvergleich günstig bewertet sind und die in Zukunft aller Voraussicht nach an Wert gewinnen werden.

Beide Analysearten werden im Folgenden erläutert. Mein Ansatz sieht so aus, dass ich zunächst Unternehmen fundamental bewerte und somit feststelle, **ob** ich in ein Unternehmen investiere. Mithilfe der technischen Analyse kann dann der Zeitpunkt bestimmt werden, also die Frage, **wann** ich in ein Unternehmen investiere.

Dazu sei direkt gesagt: Time schlägt Timing. Bitte behalte bei deinen Investitionen immer die langfristige Perspektive im Blick. Zusätzlich musst du für dich selber entscheiden, welche Art von Analyse du als sinnvoll erachtest und welche für dich funktioniert. Es bringt nichts, wenn du auf Teufel komm raus immer weiter die Charts analysierst und jahrelang keinen Erfolg damit hast. Wie schon Albert Einstein sagte: »Die Definition von Wahnsinn ist, immer wieder das Gleiche zu tun und andere Ergebnisse zu erwarten.«

6.1 Fundamentalanalyse

Wie bereits erwähnt: Die Fundamentalanalyse dient dazu, Aktien herauszufiltern, die gerade günstig zu haben sind und bei denen sich ein Einstieg lohnt. Ob eine Aktie günstig oder teuer – also überbewertet oder unterbewertet – ist, hängt nicht davon ab, ob sie 1.000 Euro oder 50 Euro kostet. Nehmen wir als Beispiel den Vergleich von Apple und dem Marktführer von Duft- und Geschmacksstoffen, dem Schweizer Konzern Givaudan. Eine Aktie von Apple kostet momentan circa 100 Euro. Eine Aktie von Givaudan kostet aktuell circa 3.400 Euro.* Welches Unternehmen ist wertvoller: Apple oder Givaudan? Auch wenn eine einzige Aktie von Givaudan sehr viel teurer ist als eine von Apple, ist das Unternehmen Apple dennoch wertvoller. Grund hierfür ist die Anzahl der ausgegebenen Aktien. Wie bereits in Kapitel 5.3 erwähnt, ergibt sich der Wert eines Unternehmens aus der Multiplikation der ausgegebenen Aktien mit dem Preis einer Aktie.

Apple:
Unternehmenswert = 100 Euro x 17.000 Millionen Stück
= 1.700 Milliarden Euro

Givaudan:
Unternehmenswert= 3.400 Euro x 9,23 Mio. Stück
= 31 Milliarden Euro

* Stand: November 2020. Bitte beachten: Bei Lindt gibt es neben der Namensaktie auch noch sogenannte Partizipationsscheine, die manchmal – nicht ganz korrekt – als »Aktien« auf diversen Börsenplattformen aufgeführt werden. Diese sind hier nicht gemeint, sondern nur die Namensaktien.

Du siehst also: Obwohl eine Aktie von Givaudan viel mehr kostet als die von Apple, ist das Unternehmen Apple um Einiges mehr wert. Am Kurs allein können wir also nicht festmachen, ob eine Aktie teuer oder günstig ist und ob sich ein Aktienkauf aktuell lohnt.

Bevor wir eine Einzelaktie analysieren, sollten wir globale und brancheninterne Daten betrachten und erst dann die jeweiligen Unternehmen bewerten. Wir kommen also vom großen Ganzen und landen erst später bei einem einzelnen Unternehmen. Es ist sinnvoll, zunächst die konjunkturelle Lage einzuschätzen, wichtige politische Ereignisse und die Zinspolitik zu beachten.

Wenn du das Gefühl hast, dass der Markt überhitzt ist und jeder nur noch über Aktien redet – selbst deine Nachbarin Wilma, die nun wirklich so gar nichts mit Aktien am Hut hat – spätestens dann solltest du skeptisch werden und gegebenenfalls noch mit einem Aktienkauf warten.

Sei ängstlich, wenn andere gierig sind.
Sei gierig, wenn andere ängstlich sind.

Warren Buffett

Nachdem du die globale Situation eingeschätzt hast und den Markt nicht für überhitzt hältst, kannst du dir einzelne Branchen anschauen. Dabei kommt es wieder darauf an, welches Ziel oder welche Strategie du verfolgst. Bist du ein defensiver Anleger und möchtest entsprechend möglichst sichere Aktientitel im Depot haben, so setzt du natürlich nicht auf spekulative Wachstumsbranchen. Du schaust dir eher Branchen an, die allgemein als krisensicher gelten. Beispiele hierfür wären der Gesundheitssektor oder die Nahrungs- und Konsumgüterindustrie. Gegessen und getrunken wird schließlich immer, auch wenn die konjunkturelle Lage düster aussieht. Klar gehen auch an diesen

Unternehmen wirtschaftliche Abschwünge oder sogar Crashs nicht spurlos vorbei. Die Wahrscheinlichkeit, dass die etablierten Unternehmen, die dicken Schiffe der Wirtschaft, eine Krise überleben, ist in solchen Branchen jedoch größer, wie du am Beispiel der Coca-Cola Company sehen kannst:

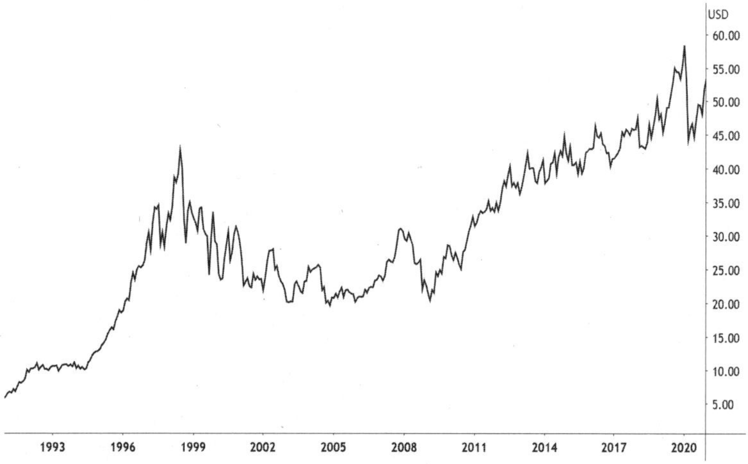

Chart von Coca-Cola Co. seit 1992, Quelle: TradingView.com

Nachdem du die für dich interessanten Branchen herausgesucht hast, kannst du mit der Beurteilung von Unternehmen beginnen.

Wichtige Kennzahlen bei der Bewertung von Aktien

Kennzahlen sind eine »Zusammenfassung von quantitativen, das heißt in Zahlen ausdrückbaren Informationen für den innerbetrieblichen (betriebsindividuelle Kennzahlen) und zwischenbetrieblichen (Branchen-Kennzahlen) Vergleich«.*

* Prof. Dr. Willy Schneider, https://wirtschaftslexikon.gabler.de/definition/kennzahlen-41897.

Diese Definition sagt bereits aus, was bei der Anwendung von Kennzahlen ganz wichtig ist: der Vergleich innerhalb einer Branche. Alle Kennzahlen, die du im Folgenden kennenlernst, kannst du nur im Branchenvergleich anwenden. Wenn du das Kurs-Gewinn-Verhältnis (siehe unten) von einem Energielieferanten mit dem eines Tech-Unternehmens vergleichen willst, dann gute Nacht! Ebenfalls solltest du nicht nur eine Kennzahl betrachten, sondern viele verschiedene quantitative und qualitative Faktoren in die Bewertung von Aktien einbeziehen. Diese Faktoren lernst du auf den nächsten Seiten kennen.

Kurs-Gewinn-Verhältnis (KGV)

$$\text{KGV} = \frac{\text{Aktienkurs}}{\text{Gewinn pro Aktie}}$$

Das KGV ist eine sehr beliebte und die wahrscheinlich am häufigsten genutzte Börsenkennzahl. Das KGV berechnest du, indem du den Aktienkurs durch den Gewinn pro Aktie teilst. Den Gewinn pro Aktie kannst du im Normalfall auf zahlreichen Internetseiten oder im Geschäftsbericht ablesen. Falls nicht, berechnet sich der Gewinn pro Aktie, indem du den Gewinn des Unternehmens durch die Anzahl der ausgegebenen Aktien teilst.

Je niedriger das KGV, desto besser. Oft sieht man bei Unternehmen mit einer starken Marke und großem Potenzial einen Bewertungsaufschlag. Das bedeutet, dass hier schon hohe Wachstumserwartungen in den Aktienkurs eingepreist sind, was letztlich zu einem hohen KGV führt. Ein Kauf kann sich natürlich trotzdem lohnen, wenn das Unternehmen beispielsweise mehr Umsatz generiert, als vorher erwartet. Ein hohes KGV kann, muss aber kein Indiz für eine Überbewertung sein.

Daher bitte vor allem wieder darauf achten, dass du das KGV nur in derselben Branche vergleichst und nicht als einziges Kriterium nimmst. Wenn das Unternehmen keinen Gewinn macht, so lässt sich selbstverständlich auch kein KGV berechnen. Für diesen Fall eignet sich die Betrachtung des Kurs-Cashflow-Verhältnisses oder des Kurs-Umsatz-Verhältnisses.

Kurs-Cashflow-Verhältnis (KCV)

$$\text{KCV} = \frac{\text{Aktienkurs}}{\text{Operativer Cashflow pro Aktie}}$$

Der Cashflow (Geldfluss) betrachtet die Geldflüsse des Unternehmens. Es gibt drei Cashflow-Arten: den operativen Cashflow, den Cashflow aus Investitionen und den Cashflow aus Finanzierungstätigkeiten. Bei der Betrachtung der Kennzahl KCV wird im Regelfall der operative Cashflow (sprich der Cashflow aus der laufenden Geschäftstätigkeit) herangezogen. Der operative Cashflow beinhaltet den Jahresüberschuss sowie die Veränderung der Abschreibungen, Rückstellungen und des Umlaufvermögens. Den operativen Cashflow musst du nicht selber ausrechnen, da er normalerweise gesondert ausgewiesen wird. Auch den Cashflow pro Aktie kannst du im Internet herausfinden.

Das KCV berechnest du, indem du den aktuellen Kurs durch den Cashflow pro Aktie teilst. Auch hier gilt die Faustregel: Je niedriger das KCV, desto günstiger ist (im Branchenvergleich und bei Betrachtung der anderen Faktoren) die Aktie.

Der Vorteil des Cashflows ist, dass er nicht durch bilanzpolitische Tricks – wie beispielsweise die Auflösung von stillen Reserven – künstlich erhöht werden kann. Beim Jahresüberschuss wird oft mit allen möglichen Tricks gearbeitet, um ihn zu verschönern. Zudem eignet sich der operative Cashflow oder das KCV besser, um Unternehmen international zu vergleichen, da die Steuersätze je nach Land sehr unterschiedlich ausfallen können.

In Bezug auf die internationale Vergleichbarkeit ist auch die Betrachtung des EBIT (Earnings Before Interest and Taxes) interessant, da man hier auf den Jahresüberschuss die bezahlten Zinsen und Steuern wieder hinzurechnet. Unternehmen, die in verschiedenen Ländern ansässig sind, lassen sich damit einfacher miteinander vergleichen.

Zusätzlich ist die Betrachtung des freien Cashflows interessant, da man anhand dieser Kennzahl sehen kann, ob das Unternehmen die jährlichen Investitionen aus seinem Geldfluss allein finanzieren kann. Den freien Cashflow berechnest du, indem du vom operativen Cashflow die Investitionen abziehst und Desinvestitionen addierst. Ein positiver freier Cashflow zeugt von großer Finanzstärke und zeigt unter anderem, wie viel Geld noch für die Dividendenausschüttung zur Verfügung steht.

Kurs-Umsatz-Verhältnis (KUV)

$$\text{KUV} = \frac{\text{Marktkapitalisierung}}{\text{Umsatz}}$$

Das Kurs-Umsatz-Verhältnis lässt sich unabhängig vom Gewinn eines Unternehmens ermitteln. Wenn das KGV keine Aussagekraft besitzt oder das Unternehmen Verluste verzeichnet, kannst du als Alternative das KUV berechnen. Ohnehin ist es sinnvoll, in deine Analyse das KUV miteinzubeziehen.

Dazu teilst du die Marktkapitalisierung durch den Umsatz des Unternehmens. Das KUV hat ebenfalls den Vorteil, dass es nicht durch bilanzpolitische Maßnahmen manipuliert werden kann (siehe KCV). Auch beim KUV gilt wieder: je geringer das KUV im Vergleich zu Wettbewerbern, desto preiswerter die Aktie.

Das Hauptproblem des KUV besteht darin, dass die Umsatzrentabilität komplett außer Acht gelassen wird. Daher ist an dieser Stelle wieder der Hinweis angebracht, diese Kennzahl nicht isoliert zu betrachten.

Umsatzrentabilität

$$\text{Umsatzrentabilität} = \frac{\text{Gewinn}}{\text{Umsatz}} \times 100 \text{ Prozent}$$

Die Umsatzrentabilität gibt an, wie viel Prozent des Umsatzes als Gewinn im Unternehmen bleibt. Je höher die Umsatzrentabilität, desto profitabler wirtschaftet ein Unternehmen.

Berechnet wird diese Kennzahl, indem du den Gewinn des Unternehmens durch den Umsatz teilst und mit dem Faktor 100 multiplizierst. Wenn die Grünzeug AG beispielsweise 1 Millionen Euro Umsatz generiert, wovon 0,5 Millionen Euro als Gewinn verbleiben, so hätte Gregors Unternehmen eine Umsatzrentabilität von 50 Prozent. Die Profitabilität hängt wiederum stark von der Branche ab. Grundsätzlich kannst du dir merken: Je höher die Umsatzrentabilität, desto besser. Bei Betrachtung der Umsatzrentabilität über mehrere Jahre kannst du zudem sehen, ob das Unternehmen effizienter beziehungsweise profitabler geworden ist, was natürlich ein gutes Zeichen wäre.

Dividendenrendite

$$\text{Dividendenrendite} = \frac{\text{Dividende pro Aktie}}{\text{Aktienkurs}} \times 100 \text{ Prozent}$$

Die Dividendenrendite hast du ja bereits in Kapitel 5.4 kennengelernt. Sie gibt die prozentuale Ausschüttung (Rendite) auf den

Kurs einer Aktie an. Wenn du bevorzugt in Dividendentitel investieren willst, ist es natürlich sinnvoll, die Dividendenrendite in deine Aktienbewertung aufzunehmen. Dabei ist es ratsam, nicht nur die Höhe der letzten Dividendenrendite, sondern vor allem die Stabilität der Auszahlungen zu betrachten. Wenn ein Unternehmen eine konstante Dividendenpolitik verfolgt oder sogar die Dividenden jährlich anhebt, ist das ein positives Zeichen für die Stabilität des Unternehmens. Dabei sei gesagt, dass bei gleichbleibender Dividendenauszahlung, aber bei sinkendem Aktienkurs die Dividendenrendite steigt (das gleiche Szenario gilt für steigende Dividendenzahlung, aber gleichbleibenden Kurs etc.). Eine steigende Dividendenrendite allein sollte also nicht blind als positives Zeichen gewertet werden. Oft ist es eben so, dass eine hohe Dividende gezahlt wird, wenn das Wertpapier auch ein hohes Risiko beinhaltet.

Eigenkapitalquote (EK-Quote)

$$\text{Eigenkapitalquote} = \frac{\text{Eigenkapital}}{\text{Gesamtkapital (Bilanzsumme)}} \times 100 \text{ Prozent}$$

Die Eigenkapitalquote kann als Kennzahl zur Analyse der finanziellen Stabilität eines Unternehmens bezeichnet werden. Sie wird berechnet, indem du das Eigenkapital durch das Gesamtkapital (Bilanzsumme) teilst und mit 100 Prozent multiplizierst.

Je höher die Eigenkapitalquote, desto geringer ist die Verschuldung des betreffenden Unternehmens. Unternehmen mit einer hohen Eigenkapitalquote werden daher als krisensicherer und kreditwürdiger eingestuft.

Eine Eigenkapitalquote von 100 Prozent ist jedoch nicht wünschenswert, da es häufig rentabler ist, einen Kredit für Investitionen aufzunehmen und das Wachstum der Firma voranzutreiben.

Als Faustregel sagt man, dass ein Unternehmen mit einer EK-Quote über 30 Prozent als solide finanziert gilt. Eine EK-Quote zwischen 20 und 30 Prozent stellt eine neutrale Finanzierung dar und bei einer EK-Quote unter 20 Prozent solltest du vorsichtig sein, da hier der Verdacht besteht, dass sich das Unternehmen womöglich zu hoch verschuldet hat. Auch hier ist wieder explizit der Hinweis angebracht, diese Kennzahl nur innerhalb einer Branche zu vergleichen, da beispielsweise Kreditinstitute oder Versicherungsunternehmen meist sehr geringe EK-Quoten aufweisen. So hat zum Vergleich die deutsche IT-Firma SAP eine Eigenkapitalquote von etwa 51 Prozent und die Deutsche Bank lediglich eine EK-Quote von rund 5 Prozent.*

Wie du die Kennzahlen sinnvoll miteinander in Verbindung setzt und eine geeignete Aktienanalyse erstellst, zeige ich dir im folgenden Kapitel.

Meine Vorgehensweise bei der Aktienanalyse

In diesem Kapitel möchte ich dir meine Herangehensweise bei der Fundamentalanalyse zur Bewertung von Aktien an die Hand geben. Meine Analyse unterteilt sich in drei Hauptschritte:

1. Branche und interessante Unternehmen filtern
2. Fundamentaldaten in Excel-Tabelle eintragen
3. Punktebewertung anhand der Fundamentaldaten aus Excel-Tabelle erstellen

Im ersten Schritt suche ich mir Branchen heraus, die mich interessieren und denen ich in Zukunft Potenzial zuschreibe. Wenn dich beispielsweise die Versicherungsbranche überhaupt nicht

* Stand: November 2020

interessiert und du dir dort kein Investment vorstellen kannst, dann spar dir die Arbeit und analysiere diese Branche nicht.

Sobald du geeignete Branchen herausgesucht hast, schaust du nach Unternehmen, die dir zusagen, die in der Vergangenheit eine gute Performance abgeliefert haben und die wahrscheinlich auch in Zukunft weiterhin profitabel am Markt agieren werden. Ich vermeide beispielsweise bei diesem Schritt von vornherein solche Unternehmen, die kein Wachstum mehr vorweisen und über Jahre hinweg einen sinkenden Umsatz oder Jahresüberschuss verzeichnen.

Hast du dir interessante Unternehmen herausgesucht, so trägst du deren Fundamentaldaten in eine Excel-Tabelle ein. Der Übersichtlichkeit halber empfiehlt es sich, die Tabelle farbig zu gestalten. Auf meiner Website »www.timoklein.net« kannst du dir die farbige und durch Formeln automatisierte Excel-Version kostenfrei herunterladen.

Zur besseren Lesbarkeit habe ich meine Tabelle dreigeteilt.

–	Land	Marktkap. (in Mrd.)	Akt. Kurs	Kurs (FY-1)	Kurs (FY-3)	Kurs (FY-5)	Umsatz	Umsatz (FY-1)	Umsatz (FY-3)	Umsatz (FY-5)	Ergebnis	Ergebnis (FY-1)	Ergebnis (FY-3)	Ergebnis (FY-5)	Ergebnis je Aktie
Unternehmen x															
Unternehmen y															
Unternehmen ...															

–	Oper. Cashflow	Oper. CF (FY-1)	Oper. CF (FY-3)	Oper. Cashflow pro Aktie	Free Cashflow	Akt. Div. Rendite	Div.Rendite (FY-1)	Div.Rendite (FY-3)	Div.Rendite (FY-5)	Eigenkapital-quote	KGV	KCV	KUV
Unternehmen x													
Unternehmen y													
Unternehmen ...													

–	Umsatzrent.	Umsatzrent. (FY-1)	Umsatzrent. (FY-3)	Umsatzrent. (FY-5)	Geschäfts-modell	Produkte	Kunden	Wettbewerb	Alleinstellungs-merkmal	Bekanntheit	Inter-nationalität
Unternehmen x											
Unternehmen y											
Unternehmen ...											

Nun trägst du die fundamentalen Daten der Unternehmen in diese Tabelle ein und kannst dann die Unternehmen bereits wunderbar miteinander vergleichen. Dabei entscheidest du natürlich selber, welche fundamentalen Daten du in deine Tabelle aufnehmen willst. Wenn du der Meinung bist, dass die Entwicklung der Umsatzrentabilität keine Relevanz für deine Analyse hat, dann kannst du sie natürlich auslassen. Die Abkürzung »FY« steht in diesem Fall für »fiscal year«; das bedeutet so viel wie Rechnungsjahr. Wie du in der Tabelle siehst, betrachte ich also nicht nur den Umsatz des aktuellen Geschäftsjahres, sondern zusätzlich die Entwicklung des Umsatzes über mehrere vergangene Jahre. Mithilfe der Formeln kannst du dir ganz einfach errechnen lassen, wie hoch beispielsweise der prozentuale Umsatzanstieg im Vergleich zum Vorjahr war. Die Formatierungen zeigen dir direkt anhand von Ampelfarben an, ob alles im grünen Bereich ist. Damit du dir die Arbeit sparst, hier noch einmal der Hinweis: Die komplette, formatierte und mit vorgefertigten Formeln versehene Excel-Tabelle findest du auf meiner Website.

Die qualitativen Faktoren der Fundamentalanalyse beginnen mit dem Geschäftsmodell und enden bei der Internationalität. Dabei empfiehlt es sich, die Spalten etwas größer zu halten, da hier etwas ausführlichere Texte eingefügt werden können. Die fundamentalen Daten findest du zu jedem Unternehmen auf zahlreichen Websites, die ich dir in den Anhang gepackt habe.

Sobald du die Tabelle ausgefüllt hast, hast du eine Übersicht über jede dich interessierende Branche mit den wichtigsten Kennzahlen der relevanten Unternehmen. Nun kannst du entweder direkt entscheiden, in welche Unternehmen du investierst, oder du erstellst noch eine Punktebewertung. Die folgende Punktebewertung habe ich von Beate Sander, einer tollen deutschen Lehrerin und Investorin, übernommen und leicht umgewandelt.

Der Vorteil liegt darin, dass eine objektive Betrachtung der Unternehmen sichergestellt wird.

Mir ist es schon oft passiert, dass ich nach Schritt 1 und 2 ein Unternehmen als Favorit herausgefiltert hatte und total überzeugt war, es würde sich lohnen, in dieses Unternehmen zu investieren. Nachdem ich dann aber Schritt 3 (die Punktebewertung) durchgeführt hatte, habe ich gemerkt, dass ich lieber in ein anderes Unternehmen investieren sollte, da es objektiv betrachtet Erfolg versprechender sein würde.

Bewertungsfaktor	**0**	**1**	**2**	**3**	**Punktzahl**
Gewichtung x 3					
Umsatzwachstum					
Gewinnwachstum					
KCV					
KUV					
Dividendenrendite					
Stabilität der Dividende					
Geschäftsmodell					
Zwischensumme					
Gewichtung x 2					
KGV					
Stellung im Wettbewerb					
Eigenkapitalquote					
Krisensicherheit (subjektiv)					
Umsatzrentabilität					
Entwicklung Umsatzrentabilität					
Entwicklung Operativer Cashflow					
Wachstumschancen (subjektiv)					
Zwischensumme					
Gewichtung x 1					
Internationalität					
Free Cashflow					
News					
Land					
Sympathie					
Zwischensumme					
Endergebnis					

Diese Punktebewertung führst du mit jedem potenziellen Investment durch. Wie du deine Faktoren gewichtest, hängt natürlich von deinen Präferenzen und der Branche ab. Wenn du beispielsweise Technologie-Unternehmen bewertest, erscheint es wenig sinnvoll, die Dividendenrendite in die Analyse einzubeziehen, da in dieser Branche selten eine Dividende ausgeschüttet wird. Du solltest also die hier dargestellte Tabelle nur als Orientierungshilfe nehmen. Die farbige und automatisierte Excel-Version kannst du dir ebenfalls auf meiner Website www.timoklein.net kostenfrei herunterladen. Im Normalfall hast du dann einen Punktesieger oder zwei bis drei Unternehmen, die in deiner Bewertung eine ähnlich hohe Punktzahl erreichen. Bei diesen Unternehmen kannst du dir zusätzlich anschauen, ob sich die Unternehmensdaten in Bärenmärkten schwerwiegend verschlechtert haben oder ob sie sich jeweils in Krisen bewährt haben.

Zusätzlich solltest du die aktuellen Konjunkturdaten und die gesamtwirtschaftliche Lage nicht unberücksichtigt lassen. Sobald ich mit der Punktebewertung fertig bin, schaue ich mir die Charts der »Sieger-Unternehmen« technisch an, um einen geeigneten Einstiegspunkt zu finden. Die technische Analyse stelle ich dir im folgenden Kapitel vor.

6.2 Technische Analyse

Manche schwören auf die fundamentale, manche auf die technische Analyse. Ich vertrete die Meinung, dass man ein Unternehmen zunächst fundamental bewerten und – falls die Zahlen stimmig sind – die Aktie anschließend technisch analysieren soll. Die fundamentale Analyse solltest du nutzen, um zu entscheiden, **ob** du in ein Unternehmen investierst, und die technische Analyse, um zu entscheiden, **wann** du investierst.

Die technische Analyse beziehungsweise Chartanalyse kann man äußerst ausführlich gestalten. Wir konzentrieren uns in diesem Buch auf die Basics, die dir für deinen Einstieg ins Börsenleben auf jeden Fall ausreichen. Dazu besprechen wir die drei möglichen Trends eines Charts sowie Widerstands- und Unterstützungslinien.

Da die meisten Chartanalysen anhand von Candlestick-Charts durchgeführt werden (siehe Abbildungen unten), erkläre ich dir noch kurz, wie ein solcher Candlestick, eine japanische Kerzendarstellung im Chart, aufgebaut ist.

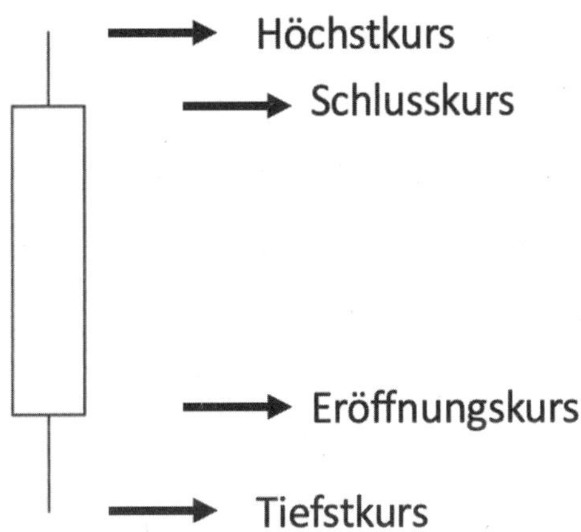

Jede Kerze im Chart repräsentiert eine bestimmte Zeiteinheit, zum Beispiel einen Tag, eine Woche oder einen Monat. Eine Kerze, die einen Kursanstieg anzeigt, wird immer grün oder weiß dargestellt, während eine Kerze, die einen Kursverfall repräsentiert, rot beziehungsweise schwarz dargestellt wird. Der Kerzenkörper zeigt den Eröffnungs- und den Schlusskurs. Der Kerzendocht (die dünnen Linien ober- und unterhalb des Kerzenkörpers) zeigen jeweils den Tiefst- und den Höchstkurs der betrachteten Zeiteinheit. Bei einer negativen Kerze wären der Eröffnungs- und Schlusskurs logischerweise vertauscht, da eine negative Kerze tiefer schließt, als sie öffnet. Wie ein Candlestick-Chart aussieht, kannst du bei der Darstellung vom DAX von Juni bis November 2018 auf Seite 101 sehen.

Verschiedene Trends

Ein Chart kann in drei Richtungen laufen: aufwärts, abwärts und seitwärts. Diese Trends können wir uns nach ausführlicher fundamentaler Analyse zunutze machen, um einen geeigneten Einstiegszeitpunkt zu finden.

Vorher ergänzen wir dein Börsenvokabular noch um ein paar wichtige Begriffe, die du immer wieder in Bezug auf verschiedene Trends hören wirst. Wenn jemand von einem Bullenmarkt oder einer Hausse spricht, sind damit steigende Börsenkurse gemeint; man spricht dann auch von einem Aufwärtstrend. Ist dagegen von einem Bärenmarkt oder einer Baisse die Rede, so sind damit fallende Börsenkurse beziehungsweise ein Abwärtstrend gemeint.

Abwärtstrend

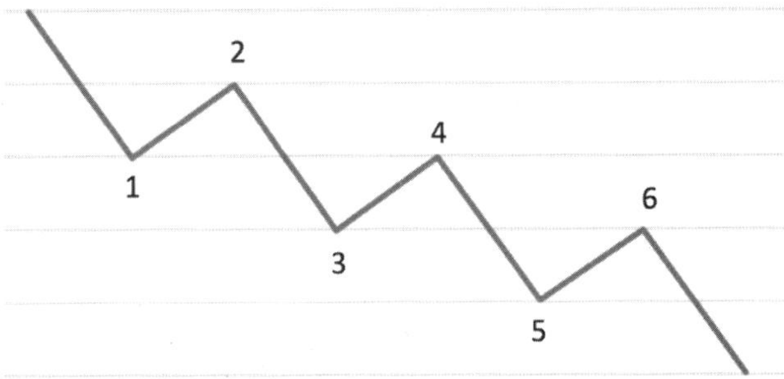

Chart vom DAX, Juni bis Dezember 2018, Quelle: TradingView.com

Die beispielhafte Darstellung oben und die reale Darstellung vom DAX von Juni bis Dezember 2018 zeigen einen Abwärtstrend. Ein Abwärtstrend besteht aus mehreren Minima (Tiefpunkten) und Maxima (Höhepunkten). Die ungeraden Zahlen (1, 3, 5) stellen in der oberen Abbildung lokale Minima dar, und die geraden

Zahlen (2, 4, 6) lokale Maxima. Das nachfolgende Minimum (3) sollte in einem intakten Abwärtstrend immer tiefer liegen als das vorherige Minimum (1). Ebenfalls sollte das nachfolgende Maximum (4) immer tiefer als das vorherige Maximum (2) sein.

Wenn sich eine für dich kaufenswerte Aktie eines interessanten Unternehmens noch im Abwärtstrend befindet, solltest du mit dem Kauf noch etwas warten. Man sagt grundsätzlich, dass der Trend tendenziell eher anhält, also fortgesetzt wird. Daher sollte man nicht gegen den Trend kaufen. Zum Einstieg in eine Aktie solltest du besonders als Anfänger lieber den Aufwärtstrend nutzen, den ich dir nun vorstelle.

Die Chartbilder kann man in verschiedenen Zeiteinheiten betrachten. Du kannst die Zeiteinheit, in der Änderungen angezeigt werden sollen, auf der jeweiligen Plattform einstellen. Kurzfristige Änderungen siehst du beispielsweise beim 1-Minuten- oder 5-Minuten-Chart. Für langfristige Investments empfiehlt sich jedoch, sich die Chartbilder auf einer Tages- oder Wochenbasis anzuschauen.

Aufwärtstrend

Ein Aufwärtstrend besteht ebenfalls aus mehreren Minima und Maxima. Das nachfolgende Minimum sollte in diesem Fall immer höher sein als das vorherige und das nachfolgende Maximum höher als das vorherige Maximum. Die beispielhafte Darstellung oben und die reale Darstellung vom DAX von Anfang bis Ende 2019 zeigen einen Aufwärtstrend. Die ungeraden Zahlen (1, 3, 5) stellen in der oberen Abbildung lokale Maxima, und die geraden Zahlen (2, 4, 6) lokale Minima dar. Die abwechselnde Folge von Minimum und Maximum siehst du auch im realen Chart vom DAX aus dem Jahr 2019. Ab und zu kann eine kleine Korrektur mal unter das vorherige lokale Minimum rutschen.

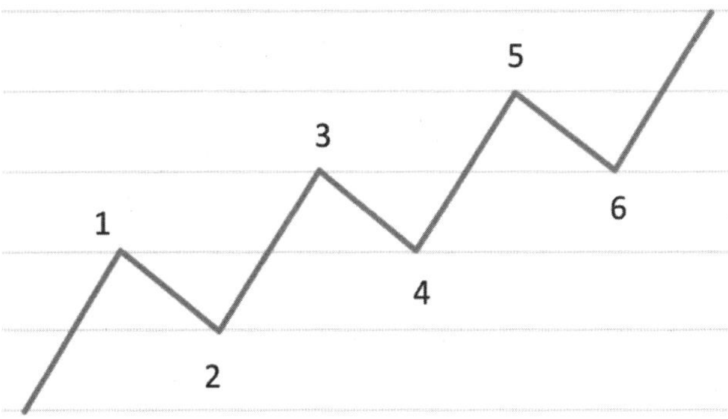

Chart vom DAX, Januar bis Juli 2019, Quelle: TradingView.com

Wenn das darauffolgende Maximum wieder höher als das vorherige Maximum ist, ist der Aufwärtstrend noch intakt. Einen Aufwärtstrend kannst du wunderbar nutzen, um Aktien zu kaufen. Sagen wir, du hast die fundamentale Analyse abgeschlossen und dich für ein Unternehmen entschieden. Nun schaust du dir den Chart an und siehst, dass der Kurs dieser Aktie gerade an

Punkt 3 ist. Dann solltest du vielleicht noch etwas warten, bis sich der Kurs an Punkt 4 befindet und wieder zu steigen beginnt. So kannst du immer noch ein paar Prozent gutmachen. Allgemein gilt aber natürlich: Time schlägt Timing. Wenn du die Aktie langfristig hältst und diese sich fabelhaft entwickelt, werden dich möglicherweise 2 Prozent mehr oder weniger beim Einstieg auch nicht mehr besonders interessieren.

Seitwärtstrend

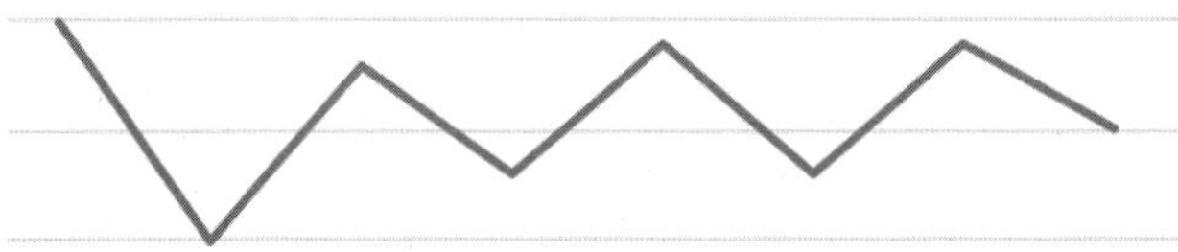

Chart von Amazon Inc., Mai bis Dezember 2017, Quelle: TradingView.com

In den obigen beiden Abbildungen sehen wir einen Seitwärtstrend. Es ist weder ein klarer Aufwärts- noch ein klarer Abwärtstrend zu erkennen. Im realen Chart (untere Abbildung) sehen wir das Kursbild der Amazon-Aktie von Mai bis Dezember 2017. Der Kurs befand sich fast zwei Monate in einem Seitwärtstrend, bis er nach oben ausbrach und sich ein Aufwärtstrend abzeichnete. Der Grund für den Ausbruch (und die dadurch entstandene Kurslücke) war die Veröffentlichung der Quartalsergebnisse. Amazon hatte die Erwartungen der Analysten weit übertroffen, was zu einem enormen Kurssprung führte.

Seitwärtstrends solltest du für einen Einstieg meiden, da hier zunächst unklar ist, in welche Richtung sich der Aktienkurs entwickelt. Bricht der Kurs nach oben aus und beginnt ein Aufwärtstrend, kannst du die Gelegenheit dann natürlich zum Kauf nutzen.

Unterstützung und Widerstand

Die Trading Indikatoren »Unterstützung« (Support) und »Widerstand« (Resistance) kannst du dir ebenfalls für einen Einstieg zunutze machen. Die eingezeichneten Linien, die eine weitere Abwärtsbewegung aufhalten können, nennt man Unterstützungen. Linien, die einen weiteren Anstieg des Kurses aufhalten können, nennt man Widerstände.

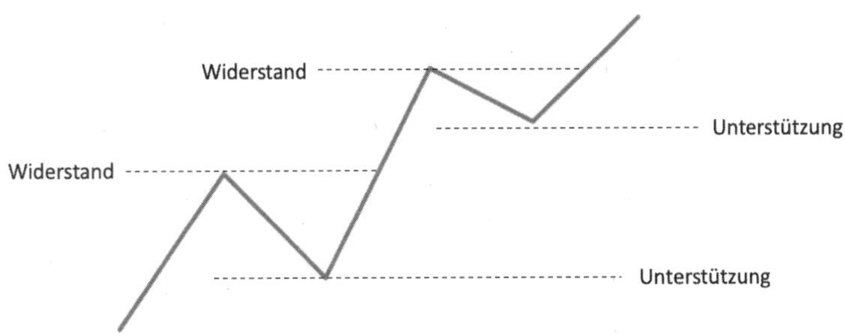

Je öfter eine eingezeichnete Widerstands- oder Unterstützungslinie »getestet« wurde, desto aussagekräftiger ist sie. Das Wort »getestet« bedeutet in diesem Fall, dass der Aktienkurs bereits öfter an dieser von uns eingezeichneten Linie abgeprallt ist, wie du es beispielsweise in diesem realen Chart bei Facebook von Februar bis November 2019 sehen kannst:

Chart von Facebook Inc., März bis November 2019, Quelle: TradingView.com

Unterstützungen und Widerstände haben – wie so vieles an der Börse – eine rein psychologische Ursache. Viele Trader verhalten sich an solchen Punkten ähnlich. So sind beispielsweise runde Zahlen oft Widerstände oder Unterstützungen. Wenn die bereits getestete Unterstützung mehrmals hält, ist es wahrscheinlich, dass sie auch ein weiteres Mal als Unterstützung dient, sollte der Kurs wieder in diese Zone abrutschen. Natürlich bricht jede Unterstützung und jeder Widerstand irgendwann, sonst hätte man ja nie einen Trendwechsel im Chart. Dazu ist zu erwähnen, dass ein durchbrochener Widerstand häufig zur Unterstützung und umgekehrt eine durchbrochene Unterstützung oft zum Widerstand wird, wie du am folgenden Beispiel der Wendys Company von Juli 2018 bis September 2019 sehen kannst:

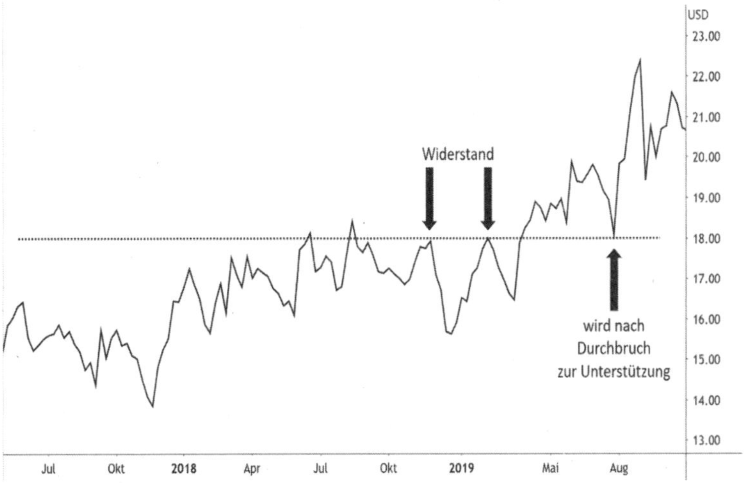

Chart von The Wendys Company, Juli 2018 bis September 2019, Quelle: TradingView.com

Solange eine Unterstützung jedoch hält, kannst du diese Zonen nutzen, um in eine Aktie einzusteigen. So hätte man in dem Beispiel von Facebook bei Punkt 3 die Chance nutzen können, um die Aktie günstig zu kaufen, als der Kurs wieder an der Unterstützungslinie nach oben abprallte. Sollte sich der Aktienkurs deines favorisierten Unternehmens an einem Widerstand befinden, rate ich dir, mit dem Kauf abzuwarten. Du solltest beobachten, ob der Kurs daran abprallt oder ob er diesen durchbricht. Wenn die Widerstandszone nachhaltig durchbrochen wird, kannst du die Aktie kaufen. Prallt der Kurs am Widerstand ab, solltest du noch etwas warten, da der Kurs dann wahrscheinlich noch etwas fallen wird. Das sieht man gut im folgenden Beispiel.

Chart von Bayer AG, März bis Oktober 2015, Quelle: TradingView.com

In diesem Beispiel der Bayer-Aktie von März bis Oktober 2015 ist der Kurs vier Mal an einer Widerstandszone abgeprallt. Wie du siehst, wäre es nicht sinnvoll gewesen, an einem dieser Punkte die Aktie zu kaufen, da der Kurs immer wieder an der eingezeichneten Widerstandslinie abgeprallt und letztendlich weiter fiel. So kannst du Unterstützungen und Widerstände nutzen, um den geeigneten Einstieg für den Kauf deiner Aktie zu finden.

7. Los geht's: Die ersten Schritte

7.1 Broker finden und Aktiendepot eröffnen

Nachdem du jetzt das Basiswissen gesammelt hast, geht es rein in die Praxis. Die erste Frage, die du dir stellen musst, lautet: Welcher Broker ist für deine Zwecke am besten geeignet? Bei welchem Anbieter eröffnest du ein Depot?

Um das herauszufinden, betrachten wir vier Kriterien, die ich dir im Folgenden vorstelle.

(1) Hausbank oder Onlinebroker?

Du kannst dein Depot bei deiner Hausbank beziehungsweise einer Filialbank oder einem Onlinebroker einrichten. Beides hat wie fast alles im Leben Vor- und Nachteile. Bei der Filialbank genießt du den Service durch Bankangestellte und kannst dich bei deiner Geldanlage beraten lassen. Da dieser Service die Banken eine Menge Geld kostet (Personalkosten, Mietkosten, die Kosten für den Kaffee, den du während des Beratungsgesprächs schlürfst), sind Depots bei Filialbanken teurer als bei Onlinebrokern. Das ist natürlich verständlich, denn wie überall sonst zahlt letztlich nicht der Anbieter selbst die erhöhten Kosten, sondern er legt sie auf seine Kunden um. Wer sich also gut vorbereitet fühlt und davon ausgeht, das eigene Depot selbst verwalten zu können (dazu wirst du nach der Lektüre dieses Buches in der Lage sein), dem empfehle ich, sein Konto bei einem Onlinebroker einzurichten. Wenn du dein Depot selbst verwaltest, kannst du in kurzer Zeit sehr viel über die Börse und Aktien lernen und dich viel intensiver mit dem Thema beschäftigen. Deshalb empfehle ich dir, ein Depot bei einem Onlinebroker zu eröffnen und von den günstigeren Konditionen zu profitieren, die dort üblicherweise geboten werden. Wenn du mal Probleme mit dem Depot oder allgemeine Fragen haben solltest, so gibt es auch dort meist einen Support, der zügig antwortet.

(2) Laufende Kosten und Transaktionsgebühren

Zunächst einmal zu den laufenden Kosten beziehungsweise Depotgebühren. Du solltest keine laufenden Kosten für ein Depot zahlen müssen. Wenn du die einzelnen Anbieter vergleichst und siehst, dass einer dir pauschal eine jährliche Depotgebühr abknöpfen würde, dann such dir eine andere Depotbank. Die meisten erheben keine Depotführungsgebühren.

Bei den Transaktionsgebühren gibt es große Unterschiede. Hier kann man zwischen prozentualen und absoluten Orderprovisionen unterscheiden. Manche Broker verlangen beispielsweise 5 Euro pro Transaktion, andere Broker verlangen 0,5 Prozent der Investitionssumme als Gebühr. Was sich jeweils lohnt, kommt ganz auf die Summe an, die du investieren willst. Hier ein Beispiel für einen Aktienkauf: Broker A verlangt pro Transaktion 5 Euro und Broker B verlangt 0,5 Prozent. Im ersten Beispiel kaufen wir Aktien für 200 Euro, im zweiten Beispiel für 2.000 Euro.

Im ersten Beispiel investieren wir eine geringere Summe. Wie du anhand der Abbildung siehst, wäre hier ein Depot bei Broker B, der prozentuale Gebühren erhebt, günstiger. Im zweiten Beispiel investieren wir bereits eine höhere Summe und sehen,

	Broker A	Broker B
1. Beispiel:		
Investitionssumme	200 €	200 €
Gebühr pro Transaktion:	5 €	0,50 %
Anfallende Gebühren	5 €	1 €
2. Beispiel:		
Investitionssumme	2.000 €	2.000 €
Gebühren pro Transaktion	5 €	0,50 %
Anfallende Gebühren	5 €	10 €

dass hier Broker A, der die Gebühren pauschal mit 5 Euro abrechnet, kostengünstiger wäre. Du siehst also: Abhängig von der investierten Summe rentiert sich eher eine prozentuale oder eine absolute Gebühr für dich. Allgemein kannst du dir auf jeden Fall merken, dass ein Onlinebroker meist deutlich günstigere Konditionen anbietet als eine Filialbank. Bei den Kosten solltest du ebenfalls die sogenannten Handelsplatzgebühren im Blick haben, da die Broker bei manchen Börsen höhere Kosten erheben. Wenn du beispielsweise Aktien über die Budapester Börse in Ungarn kaufen willst, sind die Gebühren höher als beispielsweise bei der elektronischen XETRA in Deutschland.

Manche Broker berechnen ebenfalls Gebühren für die Abwicklung von Dividendenauszahlungen. Auch darauf solltest du achten. Eine detaillierte Preisübersicht (das so genannte Preis- und Leistungsverzeichnis) kannst du dir vor Eröffnung deines Kontos auf den Internetseiten der Broker ansehen und diese auch auf Vergleichsportalen miteinander vergleichen.

(3) Umfang des Produktangebots

Mit dem Umfang des Produktangebots ist gemeint, ob der Broker verschiedene Wertpapiere beziehungsweise Vermögensklassen anbietet. Du solltest also prüfen, ob du bei deinem Broker nur

Aktien, nur ETFs oder nur Fonds handeln kannst oder ob dir eine breite Produktpalette geboten wird, bei der du auch in all die Anlagearten investieren kannst, die dich interessieren. Manchmal ist eine Mischung von verschiedenen Anlagearten in einem Depot nicht möglich; es gibt zum Beispiel reine Fondsbanken, die ausschließlich Fonds und ETFs anbieten, aber keine anderen Wertpapiere. Falls du also beispielsweise gleichzeitig in Aktien und ETFs investieren möchtest, solltest du dich vorher informieren, bei welchem Broker beides möglich ist.

Weiterhin ist zu beachten, welche Handelsplätze angeboten werden. Wieder zurück zur Budapester Börse: Du verliebst dich total in das Spirituosen herstellende, ungarische Unternehmen Zwack und möchtest unbedingt Anteile dieses Unternehmens kaufen. Da du selber jede Menge der Spirituosen von Zwack trinkst und denkst, dass du an jedem eigenen Schluck also etwas verdienst, gibst du das Unternehmen in deiner Suchleiste beim Broker ein. Und dann: Schock! Die Aktien dieses Unternehmens werden nur an der Budapester Börse gelistet und dein Broker bietet keinen Handel an dieser Börse an. Das ungarische Beispiel ist vielleicht etwas überspitzt, trifft den Nagel jedoch auf den Kopf: Du solltest dich vorher informieren, welche Handelsplätze dein Broker anbietet. Das gilt speziell, wenn du Unternehmen aus dem Ausland kaufen möchtest, denn diese sind nicht unbedingt immer an den deutschen Börsen gelistet.

(4) Einlagensicherung

Aktien, Anleihen, Fonds, ETFs und andere Wertpapiere verwaltet die Depotbank nur treuhänderisch für dich. Sie sind vor Insolvenz geschützt, weil sie dir gehören. Wenn dein Anbieter Insolvenz anmeldet, kannst du dir ein Depot bei einem anderen Broker einrichten und die Wertpapiere problemlos dorthin übertragen lassen. Beim Cash, welches auf dem Konto liegt, sieht die Sache etwas anders aus. Das Geld, welches aktuell nicht investiert ist und auf dem Konto des Brokers liegt, wird so eingestuft, als hättest du es der Bank geliehen. Es ist oft nur bis zu einem Höchstbetrag von 100.000 Euro durch die gesetzlich vorgeschriebene Einlagensicherung geschützt. Viele Leute denken, ihr Geld sei bei einer Filialbank sicherer als bei einem Onlinebroker. Solange sich der Broker in der EU befindet, greifen aber auch hier die gleichen gesetzlichen Richtlinien und das Geld ist genauso geschützt. Manche Onlinebroker bieten überdies für das Verrechnungskonto mehr als nur den gesetzlichen Schutz.

Fassen wir noch einmal kurz zusammen: Möchtest du Eigenverantwortung übernehmen und dich selbst mit der Depotführung beschäftigen, so eröffnest du dein Depot besser bei einem Onlinebroker. Dort solltest du dir vorher die Gebühren sowie die Produktpalette und die gebotenen Handelsplätze anschauen. Allgemein ist es jedoch nicht kriegsentscheidend, bei welchem Broker du dein Konto eröffnest, da du den Anbieter bei Bedarf wechseln kannst und ohnehin die Auswahl der richtigen Aktien viel wichtiger für deinen Erfolg ist.

Wie eröffnest du nun ein Konto bei deinem Wunschbroker?

Bei einem Onlinebroker läuft das ziemlich schnell und unkompliziert ab. Nachdem du dich für einen Broker entschieden hast, erstellst du bei diesem einen Account und trägst deine persönlichen Daten ein. Zusätzlich gibst du ein Referenzkonto an, von dem du im Laufe deines Investor-Daseins Ein- und Auszahlungen tätigen wirst. Nachdem du den Antrag online ausgefüllt hast, erhältst du eine Bestätigungsmail. Anschließend druckst du den Antrag aus und bestätigst als letzten Schritt noch deine

Identität. Die Identitätsfeststellung erfolgt entweder über das PostIdent-Verfahren oder – falls der ausgewählte Broker diese Variante anbietet – das VideoIdent-Verfahren.

Beim PostIdent-Verfahren gehst du mit dem ausgefüllten Antrag sowie deinem Ausweis zu einer Postfiliale, unterschreibst das betreffende Formular und lässt dir deine Identität vor Ort bestätigen. Der Antrag wird dann vom Postangestellten zum Onlinebroker gesendet. Beim VideoIdent-Verfahren befindest du dich im Video-Chat mit einem Mitarbeiter des Brokers und zeigst ihm deinen Ausweis, um auf diesem Wege deine Identität zu bestätigen.

Sobald diese Schritte erledigt sind und dein Depot eröffnet ist, kann es auch schon losgehen. Doch wie viel Geld sollte man eigentlich zu Beginn investieren? 50 Euro? 100 Euro? 1.000 Euro? Diese Frage klären wir im nächsten Kapitel.

7.2 Mit wie viel Geld sollte ich beginnen?

Bei diesem Thema teilen sich die Meinungen. Manche Leute empfehlen dir, zunächst eine Summe von 10.000 Euro anzusparen und erst dann in Aktien zu investieren. In meinen Augen ist das völliger Nonsens. Ich bevorzuge das Prinzip, sich gut auf eine Sache vorzubereiten und dann nach dem Prinzip »Learning by Doing« vorzugehen. Du kannst noch so viele Sachbücher, Ratgeber, Fachliteratur und Beiträge lesen – irgendwann musst du einfach mal anfangen. Natürlich solltest du nicht unvorbereitet in das Börsenleben einsteigen und dir auch ein wenig Erspartes für Notfälle oder schwere Zeiten zur Seite legen. Sich jedoch drei Jahre lang, ohne jegliches Investment getätigt zu haben, in der Literatur zu verlieren, ist garantiert nicht der beste Weg.

Ein Beispiel aus dem alltäglichen Leben: Gesellschaftsspiele. Dein Freund packt ein neues Gesellschaftsspiel aus und erklärt dir und deinen Freunden zehn Minuten lang die Regeln. Nach diesen zehn Minuten raucht dein Kopf und ihr alle sagt im Einklang: »Ach kommt, lasst uns einfach anfangen, wir lernen das Spiel sowieso währenddessen viel besser. Fangen wir mit einer Proberunde an!«

An der Börse ist es in meinen Augen genauso. Niemand, wirklich niemand, wird der absolute Vollprofi gewesen sein, bevor er seine ersten Aktien gekauft hat. Die Börsenlegende Warren Buffett hat seine erste Aktie im Alter von elf Jahren gekauft. Denkst du, dass der kleine Warren damals 10.000 Euro investiert hat? Forget it. Er hat sich drei Aktien des Unternehmens »Cities Service« zum Preis von je circa 38 Dollar gekauft. Anschließend sackte der Preis pro Aktie auf 27 Dollar ab. Warren Buffett bewies Nerven und hielt die Aktien, bis sie schließlich wieder auf 40 Dollar stiegen. Dann verkaufte er sie. Hätte er sie weiter behalten, hätte er um einiges mehr erwirtschaften können, denn die Aktien des Unternehmens stiegen noch auf 200 Dollar pro Aktie.* War diese Investition also falsch? Nein, natürlich nicht. Der junge Warren ist mit circa 114 Dollar eingestiegen und hat in der Zeit mit Sicherheit eine Menge gelernt. Learning by Doing eben.

Dazu sei direkt gesagt: Investiere niemals Geld, das du nicht abschreiben kannst und möglicherweise in drei Monaten wieder benötigst. Denn sonst läufst du Gefahr, die Aktien mit sattem Verlust notgedrungen verkaufen zu müssen (»Töte deine Gänse nicht«).

Aber abgesehen von diesem finanziellen Sicherheitskissen, das du ansparen und dann sicher zur Seite legen solltest, beant-

---

* https://www.boerse.de/warren-buffett/wissen/erste-aktien.

worte dir die Frage selbst: Was hältst du für sinnvoller? Dich zwei Jahre vorzubereiten, zu sparen, dann mit 10.000 Euro Kapital einzusteigen und eventuell 50 Prozent deines Investments zu verlieren – weil du beispielsweise die falschen Aktien ausgewählt hast, der Markt schlecht lief, ein Wirtschaftskrieg angezettelt wurde, eine Tankstelle deines Unternehmens explodiert ist oder das Unternehmen eine Sammelklage am Hals hat? Es gibt so viele Faktoren, die eine Aktie auch nach unten treiben können und dann stehst du nach einem Jahr da und hast direkt mal satte 5.000 Euro Verlust gemacht. Dafür hast du allerdings aus deinen Fehlern gelernt und kannst nun versuchen, alles besser zu machen.

Oder wäre es nicht besser, nach dem Lesen dieses Buches mit 500 Euro einzusteigen, möglicherweise 50 Prozent deines Kapitals aus den oben genannten, beispielhaften Gründen zu verlieren und nach einem Jahr 250 Euro Verlust zu verbuchen? Dann hast du genauso viel gelernt und kannst jetzt mit nur 250 Euro anstatt mit 5.000 Euro Verlust fortsetzen, weiter lernen und es immer wieder besser machen. Dazu kommt, dass du dich zu 100 Prozent intensiver mit dem Thema beschäftigst, wenn du aktiv investiert bist und Wertpapiere besitzt.

Zudem sei gesagt, dass ich viele Menschen kenne, die sich eine nette Summe beiseitelegen wollen (beispielsweise eine Sparsumme von 10.000 Euro). Dann haben sie 7.000 Euro auf dem Konto liegen. Man sieht den allzeit verfügbaren, netten Betrag: »Ach komm, da kann man sich doch mal zwei Wochen in Thailand gönnen! Dann kann ich mir zwar keine Aktie der Grünzeug AG kaufen, aber viel Grünzeug gibt es da auch.« Nein, nein und nochmals nein. Das ist nicht der Sinn der Sache. Wir wollen uns langfristig ein Vermögen aufbauen und im besten Fall gegen eine verschwindend geringe Rente absichern. Das tun wir am besten, wenn wir sofort mit Investieren beginnen und immer weiter lernen. Ganz wie Bodo Schäfer schon sagte »KLUW«: konstant lernen und wachsen. Wir lernen nie aus, und der beste Zeitpunkt, um anzufangen, ist jetzt. Das gilt nicht nur für den Bereich Finanzen in deinem Leben. Wenn du für eine Sache brennst, etwas unbedingt ausprobieren oder lernen willst, dann fang sofort damit an. Hör auf, die Dinge vor dir herzuschieben – Ausreden machen uns arm. Wenn du surfen lernen willst, dann fang damit an. Wenn du eine neue Sprache lernen willst, dann fang damit an. Wenn du unzufrieden mit deinem Job bist und weißt, du solltest dir eine neue Stelle suchen, um glücklicher zu sein, dann fang damit an. Wenn du erkannt hast, wie wichtig dein Vermögen für die Zukunft ist, dann fang mit der Vermögensbildung an!

Ich rede mich in Rage, tut mir leid. Mir liegt das Thema finanzielle Bildung – vor allem für junge Leute – wirklich am Herzen. Ein Freund von mir sagte einmal: »Zerdenkt die Sachen nicht und fangt einfach an. Sucht euch Sachen raus, von denen ihr denkt, dass sie euch weiterbringen. Und wenn ihr es nicht schafft, anzufangen, dann hört einfach auf, faule Penner zu sein.« Das ist etwas derb ausgedrückt – aber prinzipiell hat er Recht.

Um dir aber mal eine Investitionssumme an die Hand zu geben: Ich habe meine ersten Aktien für 54,83 Euro gekauft (damals drei Mal Deutsche Bank und zwei Mal Deutsche Lufthansa AG). Die Gebühren betrugen 2 Euro pro Transaktion, also insgesamt 4 Euro. Etwa eineinhalb Monate später habe ich diese Aktien wieder für insgesamt 74 Euro verkauft. Auf den Verkauf habe ich natürlich wieder 4 Euro Transaktionskosten gezahlt. Nach Abzug der Gebühren habe ich also 11,17 Euro Gewinn gemacht. Grandios – finanzielle Freiheit, ich komme!

Spaß beiseite. Natürlich ist das keine große Summe und die Aktien, die man kauft, sollte man für gewöhnlich länger als nur eineinhalb Monate halten. Aber habe ich daraus eine Menge gelernt? Auf alle Fälle. Habe ich mich zu der aktiven Zeit mit Aktien beschäftigt? Worauf du Gift nehmen kannst! Ich habe gefühlt alle drei Stunden mein Depot gecheckt und geschaut, was sich an den Weltmärkten tut. So verrückt sollte man das Investieren natürlich nicht betreiben. Mittlerweile bin ich bei diesem Thema auch entspannter und schaue nicht mehr täglich in mein Depot. Ich bin von meinen Aktien überzeugt und weiß, dass ich sie lange halten will. Dann braucht man nicht alle drei Stunden in sein Depot zu schauen. Du solltest jedoch die Weltmärkte im Blick behalten und zumindest alle paar Wochen mal einen Blick auf eine Finanzwebsite werfen.

Bei der Frage nach dem Startkapital musst du natürlich selber wissen, mit wie viel du anfangen willst. Investiere die Summe, mit der du dich wohlfühlst und bei der deine Rendite nicht von den Transaktionskosten aufgefressen wird.

Wenn du zum Beispiel 200 Euro investieren möchtest, bei deinem Broker 5 Euro pro Transaktion bezahlst, dir für 100 Euro Aktien eines Unternehmens X kaufst und für 100 Euro Aktien von Unternehmen Y, so bezahlst du bereits 10 Euro Ordergebühren. Da du die Aktien ja irgendwann noch einmal verkaufen wirst, schlagen also insgesamt 20 Euro Transaktionskosten zu Buche. Bei einer Investitionssumme von 200 Euro wären das satte 10 Prozent, was nicht zielführend ist.

Zusammenfassend

1. Du solltest so früh wie möglich mit dem Investieren beginnen. Entweder du gewinnst, oder du lernst aus deinen Fehlern! Wie Thomas Edison schon sagte: »Ich bin nicht 10.000 Mal gescheitert. Ich habe erfolgreich 10.000 Varianten entdeckt, die nicht funktionieren.« Nun gut, ich hoffe nicht, dass du

10.000 Investments tätigst und alle in den Sand setzt. Das Hauptaugenmerk liegt darauf, dass Fehler menschlich sind und du daraus für die Zukunft lernst.

2. Investiere die Geldsumme, bei der du dich wohlfühlst und bei der du nicht in die Bredouille geraten kannst, die Aktien aufgrund von irgendwelchen kurzfristig notwendigen Ausgaben wieder verkaufen zu müssen.

3. Achte abschließend darauf, dass die Transaktionsgebühren bei geringen Beträgen nicht deine Rendite auffressen. Diese Tipps hätten mir zu Beginn meines Aktionär-Daseins schon wahnsinnig geholfen.

7.3 Wie kaufe ich eigentlich eine Aktie? Verschiedene Orderarten

Die Grundbausteine sind gelegt. Du hast dein Depot eröffnet und gelernt, wie du Aktien bewerten kannst. Kauf dir bitte dennoch erst nach der kompletten Lektüre dieses Buches deine ersten Aktien, da in den nächsten Kapiteln noch wichtige Informationen folgen.

Wenn du weißt, welche Aktie du kaufen möchtest, loggst du dich in das Depot deines Brokers ein und gibst das gewünschte Unternehmen ins Suchfeld ein. Achtung: Jetzt musst du möglicherweise schon darauf achten, an welcher Börse die Aktien gehandelt werden. Wenn du zum Beispiel die Wahl zwischen der elektronischen Börse Xetra mit Sitz in Deutschland oder der Budapester Börse mit Sitz in Ungarn hast, solltest du im Normalfall über Xetra kaufen, weil dort die Gebühren für gewöhnlich niedriger sind. Das kommt jedoch wie bereits erwähnt auf deinen

Broker an. Schau also noch einmal in das Preis- und Leistungsverzeichnis deines Brokers. Wenn du nun auf »Kauf« klickst, hast du nicht sofort eine Aktie gekauft, sondern kannst noch weitere Einstellungen wie beispielsweise die Stückzahl eingeben. Nun steht dort etwas von Briefkurs und Geldkurs. Der Briefkurs ist für dich relevant, wenn du Aktien kaufst (= Kurs, zu dem Aktien gekauft werden). Der Geldkurs, wenn du verkaufst (= Kurs, zu dem Aktien verkauft werden).

Beim Aktienhandel kannst du nun folgende Einstellungen vornehmen:

- Auftragsart: Kauf/Verkauf
- Anzahl der Aktien
- Ordertyp: Market / Limit/ Stop-Limit / Stop-Loss / Trailing-Stop
- Betrag
- Orderdauer beziehungsweise Gültigkeit der Order (tagesgültig, gültig bis Monatsende, unbefristet gültig etc.)

Bei der Anzahl der Aktien gibst du deine gewünschte Anzahl ein und bei der Auftragsart selbstverständlich Kauf. Die Orderdauer bestimmt, wie lange eine Order am Markt platziert bleiben soll. Hier kannst du meist zwischen tagesgültig und unbefristet wählen. Unbefristet bedeutet, dass du heute eine Order setzt – beispielsweise der Kauf eines Wertpapiers der Grünzeug AG für höchstens 18 Euro – und diese Order solange bestehen bleibt, bis sie tatsächlich ausgeführt wird. Wenn diese 18 Euro-Order nur tagesgültig platziert wird und der Kurs der Grünzeug AG den ganzen Tag über 18 Euro steht, so wird diese Order nicht ausgeführt und die Transaktion verfällt am nächsten Tag.

Bei den verschiedenen Ordertypen gibt es große Unterschiede. Hier solltest du besonders aufpassen.

Market-Order

Bei der Market Order kannst du keinen Betrag eingeben. Der Kauf erfolgt zum aktuell günstigsten, verfügbaren Preis und der Verkauf zum bestmöglichen Preis. Du akzeptierst die sofortige Ausführung der Transaktion. Diese Methode empfehle ich nur, wenn du schnell agieren und sichergehen willst, dass du die Aktie auf jeden Fall bekommst, egal wie sehr sich der Preis noch zwischen Orderaufgabe und Ausführung ändert.

Limit-Order

Da teilweise hohe sekündliche Schwankungen in einem umsatzstarken Markt vorhanden sind, empfiehlt es sich, die eigene Order als Limit Order zu platzieren und dadurch das Risiko von Preissprüngen zu umgehen. Bei der Limit Order gibst du einen maximalen Betrag ein, den du bereit bist, für die Aktie zu zahlen. Beim Verkauf gibst du den minimalen Preis ein, für den du bereit bist, die Aktie abzugeben. Wenn die Preise zum Zeitpunkt der Order nicht erreicht werden, bleibt die Order dennoch bestehen, solange sie gültig ist. Wenn du also beispielsweise bereit bist, die Aktie der Grünzeug AG für 18 Euro zu kaufen, der Preis befindet sich jedoch bei rund 20 Euro, so wird die Transaktion nicht ausgeführt. Die Order bleibt dennoch bestehen, sofern du sie als unbefristete Order eingestellt hast. Falls der Kurs also an einem der nächsten Tage auf 18 Euro fällt, so wird deine Order ausgeführt. Aber Achtung: Limit-Orders werden gegenüber Market-Orders nachrangig behandelt. Wenn also gleichzeitig mit dir andere Käufer die Aktie ohne Höchstpreis ordern, werden sie vorrangig behandelt. Selbst wenn deine Bedingungen dann erfüllt sind, kann es sein, dass deine Order unausgeführt bleibt.

Stop-Limit-Order

Die Stop-Limit-Order setzt du dann, wenn du eine Aktie kaufen willst, sobald sie über einen bestimmten Preis hinausgeht. Zusätzlich gibst du an, wie viel du maximal für die Aktie ausgeben willst. Du gibst also in diesem Fall zwei Beträge ein. Erreicht der Kurs deine gesetzte Stop-Limit-Marke, wird der Auftrag zu einer Limit-Order (s. o.).

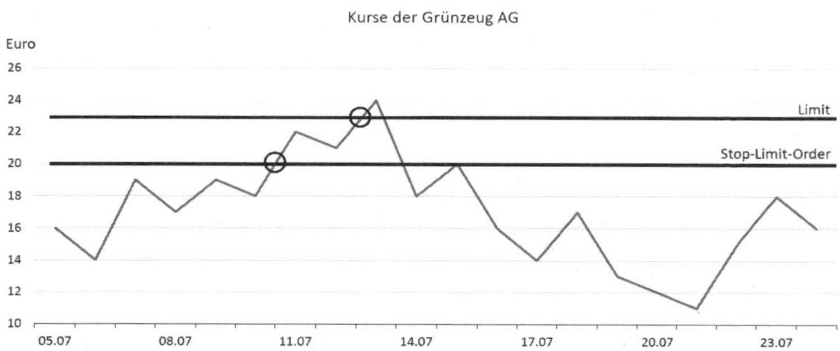

Beispiel: Du setzt deine Stop-Limit-Order bei 20 Euro, dein Limit bei 23 Euro. Der Kurs der Grünzeug AG steigt über 20 Euro und die Order wird folglich ausgeführt, bevor der Kurs die 23er-Marke übersteigt. Du hast somit die Aktien erworben.

Allerdings werden auch Stop-Limit-Orders gegenüber Market-Orders als nachrangig eingestuft, was heißt, dass du nicht zwangsläufig zum Zuge kommst, wenn deine Bedingungen erfüllt sind. Und noch etwas kann passieren: Auch bei einem Gap hättest du die Aktie möglicherweise nicht bekommen. Ein Gap ist eine Lücke im Aktienkurs, also ein Sprung des Kurses. So etwas sieht man häufig, wenn Quartalszahlen veröffentlicht werden. Dann wäre es denkbar, dass die Grünzeug AG mit 19 Euro den Handel beendet. Nach Börsenschluss werden dann die Quartalszahlen berichtet. Diese fallen sehr positiv aus und übertreffen die Erwartungen. Am nächsten Tag wird die Aktie der Grünzeug AG mit einem Eröffnungskurs von 24 Euro an der Börse gehandelt. So etwas nennt man einen Gap. Dann wäre deine Order nicht ausgeführt worden, da dein Limit bei 23 Euro lag.

Stop-Loss-Order

Bei diesem umgekehrten Fall sieht die Sache ähnlich aus. Viele sichern ihre Aktien mit einem sogenannten Stop-Loss ab. Das bedeutet, sobald der Kurs unter einen bestimmten, von dir eingegebenen Preis fällt, wird die Aktie verkauft. Aus deiner Stop-Loss-Order wird somit beim Durchbrechen dieses Preises eine Market-Order.

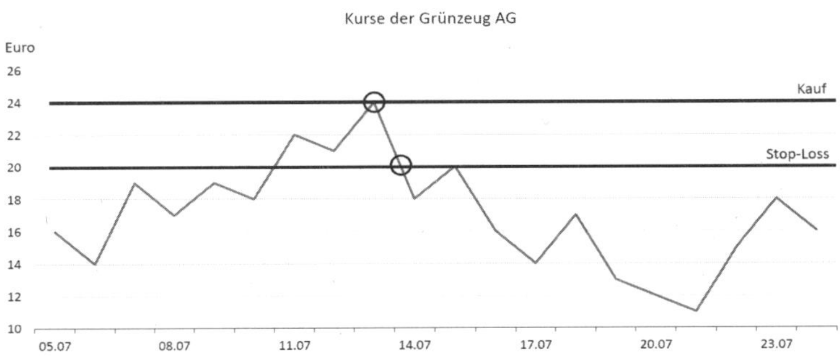

Einen solchen Stop setzt du, wenn du davon ausgehst, dass die Aktie – nachdem sie diesen Kurs durchbrochen hat – noch weiter fallen wird. So kannst du Verluste begrenzen oder laufende Gewinne absichern. Das Risiko besteht darin, dass auch hier wieder Gaps auftreten können und du deine Aktien nicht wie bei uns im Beispiel für 20 Euro verkaufen kannst, sondern erst zum nächstmöglichen Verkaufskurs, der dann beispielsweise 19 Euro betragen kann. Ein möglicher Grund wäre auch in diesem Beispiel die Veröffentlichung der Quartalszahlen nach Börsenschluss. Wenn diese die Erwartungen nicht erfüllen und die Anleger enttäuschen, fällt die Aktie im Normalfall ein gutes Stück.

Ein Beispiel für die Absicherung von Gewinnen siehst du in der folgenden Abbildung. Dort hast du für 17 Euro gekauft, die Aktie läuft gut und steigt sogar bis über 22 Euro. Dann denkst du dir: »Ach komm, ich hatte so eine schöne Zeit mit der Grünzeug AG, jetzt nehme ich die Gewinne mit, falls die Aktie unter 21 Euro fallen sollte.« Du setzt deinen Stop Loss bei 21 Euro, und sobald dieser Kurs durchbrochen wird, wird deine Aktie verkauft. So kannst du Gewinne absichern.

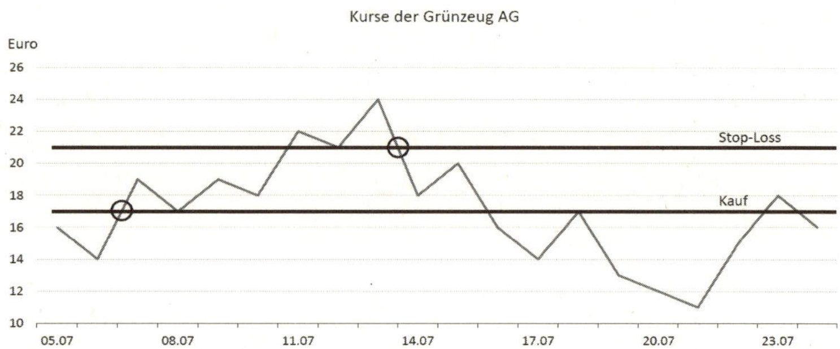

Trailing-Stop-Order

Bei der Trailing-Stop-Order handelt es sich um eine Stop-Loss-Order, die sich bei steigenden Kursen immer weiter nach oben anpasst. Du gibst also zwei Faktoren in deine Order ein: deinen ersten Stop-Loss und den Abstand, den dein Stop-Loss zum aktuellen Kurs halten soll. Der Abstand kann entweder in absoluten Zahlen oder in Prozent eingegeben werden. Du besitzt nun eine Aktie der Grünzeug AG im Wert von 20 Euro. Diese Aktie möchtest du vor größeren Verlusten absichern, weshalb du einen Trailing-Stop-Loss bei 18 Euro setzt. Der Abstand zum aktuellen Kurs soll immer 2 Euro betragen. Steigt die Aktie nun auf 22 Euro, so wird der Stop-Loss automatisch auf 20 Euro angehoben. Steigt der Kurs auf 30 Euro, so ist dein Stop-Loss nun bei 28 Euro. Wenn der Kurs der Aktie nun wieder sinkt, bleibt dein Stop-Loss an der gleichen Stelle, also bei 28 Euro. Sobald der Preis diese Grenze nach unten durchbricht, wird dein Auftrag zur Market-Order und die Aktie wird zum bestmöglichen Preis verkauft.

Hier siehst du einen Screenshot, der einen beispielhaften Auftrag beim Broker Degiro abbildet. Du siehst die Aktie, die Börse (Xetra), die eingegebene Stückzahl, deinen Ordertyp, dein Limit und den Betrag sowie die Gültigkeit der Order – in diesem Fall unbefristet. Auf der rechten Seite siehst du noch Informationen zum aktuellen Kurs der Aktie sowie den vorhin beschriebenen Geld- und Briefkurs.

Allianz SE A – ÄNDERN

ALV | DE0008404005 | Xetra

€ 196,78 +2,28 (+1,17%) ● CX

KAUF | VERKAUF | Unbefristet

Limit | 215

1 > 215

ORDER PLATZIEREN

Kursdaten

Geld	196,80	Brief	196,82
Bid Vol.	20	Ask Vol.	2
Zuletzt	€ 196,78	Eröffnung	194,28
+/-	+2,28	Hoch	197,28
+/- %	+1,17%	Tief	193,82
Volumen	133.667	Schluss	194,50

Quelle: www.degiro.de

Worauf du also beim Kauf einer Aktie achten solltest

- Handelsplatz
- Stückzahl
- Limit/Betrag
- Ordertyp
- Orderdauer / Gültigkeit der Order

7.4 Strategien im Aktienhandel

In diesem Kapitel gebe ich dir vier Strategien an die Hand, mit denen du an der Börse investieren kannst. Such die für dich passende Strategie aus oder kombiniere mehrere miteinander. Niemand sagt, dass du nur auf eine Strategie setzen musst. Probiere die Strategien aus und analysiere, welche für dich am besten funktioniert.

Dividendenstrategie

Bei der Dividendenstrategie suchst du dir Unternehmen heraus, die eine hohe Dividende zahlen. Dabei solltest du darauf achten, dass die Dividende möglichst stabil ausgeschüttet wird. Es ist ein gutes Zeichen, wenn ein Unternehmen über viele Jahre hinweg eine stabile oder sogar steigende Dividende zahlt. Du solltest ebenfalls prüfen, wie sich die Unternehmen in Krisen gehalten haben und ob sie dann weiterhin Dividenden gezahlt haben. Unternehmen aus der Konsumgüter- und Versorgerindustrie sind bekannt für hohe Dividendenausschüttungen. Zusätzlich gibt es mittlerweile Indizes, die starke Dividendentitel listen, wie beispielsweise der DivDAX.

Jede Medaille hat zwei Seiten. So muss erwähnt werden, dass aufgrund hoher Dividenden oft keine hohen Wachstumschancen bei den betreffenden Unternehmen möglich sind. Beträge, die ein Unternehmen den Aktionären als Dividende ausschüttet, können natürlich nicht in den weiteren Ausbau des Unternehmens investiert werden. Das solltest du ebenfalls bei der Auswahl deiner Strategie beachten. Bei dieser Strategie wäre es sinnvoll, Unternehmen rauszusuchen, die nicht nur eine hohe Dividende zahlen, sondern zusätzlich noch Wachstumschancen bieten.

Value-Strategie

Reich wird, wer in Unternehmen investiert,
die weniger kosten, als sie wert sind.

WARREN BUFFETT

Die Value-Strategie ist sehr bekannt. Besonders geprägt wurde diese Art der Aktienanlage von Benjamin Graham und Warren Buffett. Der Fokus liegt darauf, Aktien unter ihrem eigentlichen Wert zu kaufen. Du suchst Aktien, die aktuell eher unterbewertet sind und dementsprechend langfristig ein hohes Kurspotenzial aufweisen. Hier kannst du dir besonders die in Kapitel 6 angesprochenen Tipps zunutze machen. Bei dieser Strategie sind Kennzahlen wie das KGV, KUV und KCV im Branchenvergleich als Auswahlkriterium besonders wichtig und Wachstumschancen werden einbezogen. Wichtig ist bei dieser Strategie erneut der langfristige Fokus.

Trendfolge-Strategie

The trend is your friend.

ALLGEMEINE BÖRSENWEISHEIT

Die Trendfolge-Strategie folgt dem Momentum einer Aktie. Wie bereits besprochen, läuft ein Trend tendenziell häufiger weiter, als dass er gebrochen wird. Dieses Phänomen hat psychologische Hintergründe. Wenn jede Menge Leute das Gleiche tun, wird dieses Tun nicht so stark hinterfragt. Man folgt im Grunde genommen dem Herdentrieb oder springt, anders gesagt, auf einen fahrenden Zug auf. Die fundamentale Analyse spielt bei dieser Strategie keine tragende Rolle.

Die Trendstrategie fokussiert auf die Chartanalyse. Solange ein Trend intakt ist, bleibst du investiert und profitierst vom Kurswachstum. Diese Strategie kann daher nicht als langfristig eingestuft werden, da sich ein bestehender Trend jederzeit ändern kann. Am betreffenden Punkt solltest du die Reißleine ziehen und die Aktie verkaufen. Ich persönlich habe diese Strategie noch nie getestet und kann daher keine persönliche Wertung dazu abgeben. Von einem Kollegen, der ausschließlich mit dieser Strategie handelt, weiß ich jedoch, dass auch diese Art des Handelns sehr erfolgreich sein kann.

Growth-Strategie

Bei der Growth-Strategie investierst du in stark wachsende Unternehmen. Diese sind oft noch relativ klein und sehr volatil, also schwankungsstark. Viele der betreffenden Unternehmen erwirtschaften aktuell noch keine Gewinne. Bei guten Aussichten wachsen solche Unternehmen jedoch sehr schnell, schreiben möglicherweise bald schwarze Zahlen und wachsen schnell weiter. Viele Unternehmen schaffen den Sprung in die Gewinnzone jedoch nicht und melden gegebenenfalls Insolvenz an.

Wachstumsunternehmen findest du oft in der Technologie- oder Biotech-Branche. Bei fundamentaler Analyse solcher Aktien wirst du feststellen, dass Wachstumsunternehmen meist schon sehr hoch bewertet sind, da in den Kursen schon viele Erwartungen eingepreist ist. Das Risiko ist bei hoher Wachstumschance natürlich auch höher als beispielsweise bei einer Dividendenstrategie, bei der in etablierte, große Unternehmen investiert wird.

Meistens sinnvoll: ein Strategie-Mix

Ich persönlich halte es für sinnvoll, das eigene Portfolio zu diversifizieren. Mithilfe verschiedener Unternehmen aus unterschiedlichen Branchen und Ländern lässt sich das Risiko zwar nicht komplett eliminieren, aber minimieren. Meiner Meinung nach ist es sinnvoll, verschiedene Strategien zu mischen und sowohl Dividendentitel als auch Value- und Growth-Unternehmen im Depot zu halten.

Viele empfehlen eine 80/20-Strategie. Damit ist nicht das Paretoprinzip gemeint, welches besagt, dass mit 20 Prozent des Aufwandes 80 Prozent der Ergebnisse erzielt werden und die restlichen 20 Prozent der Ergebnisse 80 Prozent des Gesamtaufwandes erfordern. Ein sehr interessantes Prinzip, welches du dir auch unbedingt mal anschauen solltest.

Mit der 80/20-Strategie ist in diesem Fall jedoch gemeint, dass man in seinem Aktiendepot zu 80 Prozent Blue Chips, Dividendentitel und Value-Unternehmen halten und zu 20 Prozent in Erfolg versprechende Growth-Unternehmen investieren sollte. Der konservativ investierte Anteil von 80 Prozent gilt als relativ sicher, die betreffenden Unternehmen zahlen stabile Dividenden aus und die Aktien weisen ein moderates Kurspotenzial auf. Mit einem Anteil von 20 Prozent kannst du dann in etwas risikoreichere, aber auch erfolgversprechendere Unternehmen investieren. In diesem Fall sind kleine Unternehmen interessant, die ein enormes Potenzial für die Zukunft aufweisen.

Abschließend möchte ich noch einmal betonen, dass du für dich selbst herausfinden musst, mit welcher Strategie du erfolgreich bist. Probiere verschiedene Formen aus, vermische Strategien und plane genügend Zeit ein. Niemand behauptet, dass beispielsweise eine Value-Strategie nach sechs Monaten erfolgreich ist. Ebenso lässt sich nicht pauschal sagen, dass eine Trendfolge-Strategie nach besagten sechs Monaten erfolgreich ist. Sei bei deinen Investments geduldig und gib deinen Unternehmen Zeit, sich am Markt zu behaupten.

8. Die goldenen Regeln im Aktienhandel

Jeder Mensch wird dir andere Regeln für den Handel mit Aktien empfehlen. Manche (besonders die Banken selbst) werden dir empfehlen, einen Experten um Rat zu bitten, andere halten von Expertenmeinungen gar nichts.

Wie sonst auch im Leben gilt bei diesen Regeln: Mach dir ein eigenes Bild und höre nicht stur auf die Meinung von Gurus oder »Experten« und folge auch nicht blind meinen Ratschlägen. Finde für dich heraus, was funktioniert. Ich habe im Laufe der Zeit herausgefunden, dass die folgenden goldenen Regeln für mich am hilfreichsten und erfolgreichsten beim Handel mit Aktien sind.

Goldene Regel Nummer 1

Time schlägt Timing

Wenn die Preise nicht stimmen, muss man warten. Wer jünger ist als 90, wird noch genügend gute Gelegenheiten im Leben finden – und wer älter ist, ist ohnehin ein Glückspilz.

WARREN BUFFETT

Natürlich ist das Timing beim Kauf unter anderem ein Faktor für deine Performance am Aktienmarkt. Dennoch ist es wichtiger, geduldig zu sein. Anstatt den perfekten Zeitpunkt abzupassen, solltest du einen langfristigen Anlagehorizont bevorzugen. Den perfekten Tag für einen Einstieg findest du sowieso nicht. Und selbst wenn du ihn findest, machst du ein paar Prozent mehr, die auf lange Sicht wahrscheinlich nur einen minimalen Einfluss auf deine Gesamtperformance haben. Je langfristiger du anlegst, desto größer ist die Wahrscheinlichkeit, dass du Gewinne erzielst. Wenn du beispielsweise Ende 1994 in DAX-Aktien investiert und sie bis Ende 2019 gehalten hättest, hättest du eine durchschnittliche Rendite von 7,6 Prozent pro Jahr erzielt.* Es gibt keine Anlageklasse, die mit einer solchen Rendite mithalten kann. Schau dir gerne mal das Renditedreieck des Aktienmarktes an, den das Deutsche Aktieninstitut auf seiner Internetseite veröffentlicht und jährlich aktualisiert (www.dai.de). Dort siehst du, dass du bei einem langfristigen Anlagehorizont im Durchschnitt immer eine ordentliche Rendite einfährst.

* https://www.dai.de/files/dai_usercontent/dokumente/renditedreieck/191231%20DAX-Rendite-Dreieck%2050%20Jahre%20Web.pdf.

Goldene Regel Nummer 2

Nur Geld investieren, welches du kurzfristig nicht benötigst

Der Farmer, der sein ganzes Saatgut aufisst,
hat nichts, womit er säen könnte.

Bodo Schäfer

Diese Regel schließt sich nahtlos an die erste Regel an und passt zur Gänse-Geschichte aus der Einleitung (»Töte deine Gänse nicht«). Investiere kein Geld, welches du möglicherweise in naher Zukunft dringend benötigst – etwa für eine Reparatur, eine neue Waschmaschine oder für Möbel. Für solche Anlässe solltest du nicht gezwungen sein, dein Investment aufzulösen. Wenn du Geld investierst, welches du vielleicht bald dringend benötigst, läufst du Gefahr, deine Aktien zu einem ungünstigen Zeitpunkt mit Verlust verkaufen zu müssen. Der Aktienmarkt geht nicht jeden Tag aufwärts und es sind auch mal turbulente Jahre an den Börsen möglich. Wenn du in solchen Zeiten aufgrund von Liquiditätsmangel Aktien verkaufen müsstest, wäre das jammerschade. Zudem solltest du so früh wie möglich mit dem Sparen beziehungsweise Investieren in Aktien beginnen, um die Macht des Zinseszinses auszunutzen. Besonders im Hinblick auf den Zinseszins ist es wichtig, dass du das Geld, welches du in Aktien investierst, nicht kurz- oder mittelfristig entnimmst, da du sonst dein eigenes Saatgut für einen starken Zins aufisst.

In diesem Zusammenhang möchte ich dir noch kurz den Belohnungsaufschub vorstellen, der manchen auch als Marshmallow-Test von Walter Mischel bekannt ist. Dieser beschreibt, dass auf eine direkte, kleinere Belohnung verzichtet wird, um stattdessen eine größere Belohnung in der Zukunft zu erhalten. Beim Marshmallow-Test wurde kleinen Kindern ein Marshmallow vor die Nase gesetzt. Sie hatten dann die Wahl, die Süßigkeit direkt zu essen oder noch etwas zu warten, um später eine zweite zu erhalten.*

Die Disziplin, die dieser Belohnungsaufschub erfordert, ist ein Indikator für späteren Erfolg und positive Charaktereigenschaften. Diese Verhaltenspsychologie spielt auch am Aktienmarkt eine wichtige Rolle. Auf kurzfristige Gewinnauszahlungen durch Aktienverkäufe solltest du verzichten, um langfristig Erfolg an den Börsen zu haben (abhängig von deiner Strategie). Idealerweise nutzt du auch die erhaltenen Dividenden für erneute Aktienkäufe.

Goldene Regel Nummer 3

Nicht blind auf die Meinung von Experten und Bankern hören

Wer sich nach den Tipps von Brokern richtet,
kann auch einen Friseur fragen,
ob er einen neuen Haarschnitt empfiehlt.

WARREN BUFFETT

Ich denke, das Zitat macht schon ziemlich deutlich, weshalb du nicht auf jeden Experten oder Bankberater hören solltest. Ich möchte nicht sagen, dass alle gierig sind und dein Geld wollen. Bankberater erledigen auch nur ihren Job und sollten im Idealfall deinen Gewinn sowie den Gewinn des Unternehmens,

* https://magazin.sofatutor.com/schueler/belohnungsaufschub-der-marshmallow-mit-erfolg-zu-tun-hat/.

bei dem sie beschäftigt sind, steigern. Aber da liegt auch schon das Problem. Sie sollten die Gewinne der Bank steigern. Natürlich ist es schön, wenn die Bank ihr Vermögen vermehrt und du deines ebenfalls. Friede, Freude, Eierkuchen – alles klasse! Doch so ist es oftmals nicht, und du verpasst möglicherweise sehr gute Anlagechancen, wenn du dich blind auf die Empfehlungen deines Bankberaters verlässt. Versteh mich nicht falsch, es gibt mit Sicherheit auch exzellente Berater und erkenntnisreiche Gespräche mit ihnen. Ein Beratungsgespräch wird natürlich keine negativen Auswirkungen auf dich haben. Du sammelst Erfahrungen, knüpfst neue Kontakte und trinkst womöglich dabei noch einen ausgezeichneten Cappuccino. Ich bin jedoch der Meinung, dass du das auch alleine hinbekommst, vor allem da du dieses Buch bis hierhin gelesen hast. Mit dem gesammelten Know-how bist du auf jeden Fall in der Lage, die zu deinen Zielen passenden Unternehmen auszuwählen und mit geeigneter Strategie zum Aktieninvestor zu werden. Wenn du ein neues Auto kaufst, kaufst du auch nicht blind den vom Verkäufer empfohlenen Wagen. Du informierst dich darüber und vergleichst diesen mit anderen Autos. Genauso gründlich solltest du auch beim Aktienkauf vorgehen. Du informierst dich über die Unternehmen und vergleichst sie miteinander, bevor du eine fundierte Kaufentscheidung fällst.

Wenn alle Aktien steigen,
triffst du viele Leute, die glauben,
sie seien begnadete Börsenexperten.

Peter Hohl

Das ist ebenfalls ein einleuchtendes Zitat. Bei einer langanhaltenden Hausse behauptet selbst der Nachbar Henri Henrisson, der keine Ahnung von Börsen, Aktien und Finanzkennzahlen hat, ein Experte zu sein, da er ja schließlich eine satte Rendite einfährt. Fakt ist: Hör nicht auf jeden, der behauptet, ein Börsenexperte zu sein.

Hier ein nicht ganz ernstgemeintes Beispiel, wie du als angeblicher Börsenexperte vielen Leuten das Geld aus der Tasche ziehen kannst. Schreibe 10.000 Menschen eine Börsenprognose. 5.000 Leuten schreibst du, dass der Markt innerhalb der nächsten zwei Wochen fallen wird, den anderen 5.000 schreibst du, dass der Markt innerhalb der nächsten zwei Wochen steigen wird. Ist der Markt in den zwei Wochen gestiegen, schreibst du den 5.000 Leuten, denen du diese Vorhersage gemacht hast, erneut. 2.500 Menschen schreibst du wieder, dass die Märkte innerhalb der nächsten zwei Wochen steigen, den anderen 2.500 schreibst du, dass die Märkte fallen werden. Wow, schon wieder bei 2.500 Leuten die richtige Prognose gehabt – klasse.

Das machst du jetzt immer so weiter. Nach 16 Wochen hast du noch circa 40 Ansprechpartner, denen du vier Monate lang jedes Mal die korrekte Prognose geschickt hast. Diese Leute vertrauen dir jetzt ihr Vermögen an und du machst dich mit dem Geld aus dem Staub und wanderst nach Thailand aus. Das solltest du natürlich nicht ernsthaft in Erwägung ziehen; du siehst aber an diesem Beispiel, dass es für »Börsengurus« durchaus möglich ist, eine breite Masse von Leuten zu täuschen.

Bei Finanzberatern beispielsweise solltest du darauf achten, dass du – falls du einen benötigst – mit jemandem zusammenarbeitest, der nicht abhängig von irgendwelchen Provisionen, Anbietern oder Produkten ist. Falls du einen Finanzberater zur Unterstützung engagieren möchtest, dann such dir einen freien Berater, der bestenfalls sogar auf Erfolgsbasis arbeitet. Eine weitere Möglichkeit ist die Bezahlung auf Honorarbasis. Diese Berater sind unabhängig von Provisionen oder Erfolgen und werden auf Stundenbasis bezahlt, wobei du mit etwa 120 bis 180 Euro pro Stunde rechnen musst.*

Goldene Regel Nummer 4

Risikodiversifizierung

Breit gestreut, nie bereut.

BEATE SANDER

Um das Risiko an den Finanzmärkten zu minimieren, ist eine Diversifizierung deines Portfolios unabdinglich. Dies ist eine Regel, bei der sich nahezu alle Investoren einig sind. Kaufe nicht nur eine oder wenige verschiedene Aktien, da die Gefahr vor Verlusten größer ist als bei einem breit gestreuten Portfolio. Die Kursverluste einer Aktie können dann durch Kursgewinne von anderen Aktien in deinem Depot abgefedert werden. Dabei ist zu erwähnen, dass du dir jetzt keine 200 verschiedenen Aktien ins Depot legen solltest, da du dann natürlich den Überblick verlieren würdest und der Zeitaufwand viel zu groß wäre. Ich halte ein Portfolio mit 10 bis maximal 50 unterschiedlichen Wertpapieren für sinnvoll.

* https://anlageberater-hannover.de/wie-finde-ich-einen-guten-vermogensberater-anlageberater/.

Du kannst durch die drei folgenden Möglichkeiten dein Vermögen diversifizieren:

- **Risikodiversifizierung durch verschiedene Anlageklassen**
  Du kannst verschiedene Anlageklassen nutzen, um das Risiko zu minimieren. Investiere beispielsweise in Einzelaktien, ETFs, Anleihen, Rohstoffe oder REITs (Real Estate Investment Trusts sind Immobilieninvestitionen auf Basis von Aktien). Wenn du eine Dividendenstrategie fährst, kann ich dir besonders empfehlen, dich mit REITs auseinanderzusetzen. Diese Unternehmen sind von der Körperschafts- und Gewerbesteuer befreit und bieten somit hohe Dividendenausschüttungen.*

- **Risikodiversifizierung durch regionale und branchenbezogene Streuung**
  Kaufe nicht nur Unternehmensbeteiligungen aus einem Land oder einer Branche. Sollte ein einzelnes Land mal in eine wirtschaftliche Notlage geraten und du hast nur Aktien aus diesem Land, hast du ein Problem. Streue das Risiko und investiere in Aktien aus mehreren Ländern und Branchen. Dazu sei allerdings gesagt, dass durch die Globalisierung die Länder mittlerweile so eng miteinander vernetzt sind, dass Notlagen eines Landes sich logischerweise auch auf andere Länder übertragen.

- **Risikodiversifizierung durch zeitliche Streuung**
  Sei nicht durchgehend mit deinem gesamten Kapital investiert. Sieh zu, dass du eine Cash-Reserve hast. Dann kannst du in einem Crash oder in turbulenten Zeiten an der Börse Aktien zu einem viel günstigeren Preis nachkaufen.

---

* https://www.smartsteuer.de/online/lexikon/r/reit-aktiengesellschaften/.

Goldene Regel Nummer 5

Rationalität: Lass dich nicht von Emotionen leiten

Börse ist, Nerven dort zu behalten, wo sie andere verlieren.

ERHARD BLANCK

Bitte verinnerliche dieses Zitat. Das Handeln mit Wertpapieren hat mehr mit der Psychologie eines Menschen zu tun, als man glauben mag. Die Verlustaversion bezeichnet das Phänomen, dass Menschen Verluste höher gewichten als Gewinne. Wir ärgern uns über einen Verlust von 500 Euro mehr, als wir uns über einen Gewinn von 500 Euro freuen. Daher ist es wichtig, diese Emotionen weitgehend zu eliminieren, keine voreiligen Schlüsse zu ziehen und auch bei Verlusten rational zu handeln.

Wie bereits in Regel eins und zwei erwähnt, solltest du den langfristigen Erfolg der Aktienanlage im Blick halten. Wenn sich die Märkte in einer turbulenten Phase befinden und du mal ein dickes Minus im Depot verzeichnest, dann solltest du nicht alle Aktien zu einem Spottpreis auf den Markt werfen und dein gesamtes Portfolio verkaufen, weil du Angst hast, die Aktien würden weiter fallen. Stell dir vor, deine Aktien fallen mehrere Monate insgesamt um 80 Prozent. Natürlich bist du zunächst geschockt. Das ist eine normale Reaktion. Doch schaust du dir deine Unternehmen noch einmal genauer an, dann siehst du, dass sich die fundamentale Lage dieser Aktien nicht merklich verschlechtert hat. Du bist überzeugt, dass die Unternehmen langfristig weiterhin profitabel am Markt bleiben und auch mal eine Rezession überstehen werden. Dann ist das doch die perfekte Möglichkeit, um Aktien der betreffenden Unternehmen für einen Spottpreis nachzukaufen und von wieder steigenden Kursen zu profitieren. Kommen wir also nun zur letzten goldenen Regel, die daran anschließt, denn »das Schöne an Aktien ist, dass man 1.000 Prozent gewinnen, aber nur 100 Prozent verlieren kann.«

Goldene Regel Nummer 6

Börsencrash als Einstiegsmöglichkeit nutzen

Ein Crash ist gut für Leute mit Mut.

Beate Sander

Niemand kann genau sagen, wann es den nächsten großen Crash an den Finanzmärkten geben wird. Fakt ist: Crashs wird es noch viele geben. Fakt ist aber auch: Die Kurse steigen auch wieder. Historisch betrachtet gibt es im Durchschnitt alle fünf Jahre einen Bärenmarkt. Der S&P 500 fiel dabei im Durchschnitt um 33 Prozent. Diese Bärenmärkte dauern natürlich nicht ewig, sondern hielten in der Vergangenheit zwischen 45 und 649 Tagen an. Im Durchschnitt dauerten sie ungefähr ein Jahr.* Danach stiegen die Kurse wieder und haben bisher jedes Mal die bis dato bestehenden Allzeithochs übertroffen. Das sind sehr gute Gelegenheiten, um Aktien mit sattem Rabatt nachzukaufen. In solchen Zeiten kannst du also schön auf Aktien-Shopping-Tour gehen. In Crash-Situationen und Korrekturen haben mutige Investoren die besten Möglichkeiten, enorme Gewinne zu erzielen.

* Tony Robbins in seinem Buch *Unangreifbar*.

So investierte beispielsweise die Börsenlegende Warren Buffett in der Finanzkrise 2009 enorme Summen und kaufte einen Eisenbahn-Konzern für 26 Milliarden Dollar, als die Aktienkurse sich wieder erholten. Ein anderes Beispiel sieht man am deutschen Markt. Wer Anfang 2009 einen ETF des DAX gekauft hat, hatte circa zwei Jahre später nahezu 100-prozentigen Gewinn gemacht. Fast 100 Prozent Rendite in zwei Jahren – das muss ein Sparkonto erstmal nachmachen. Dirk Müllers Metapher für einen Crash habe ich als sehr treffend empfunden. Er bezeichnet einen Crash als Sturm, der ab und zu nötig ist, um das morsche Geäst aus dem Wald zu fegen. Wenn es sich bei deinen Investitionen um fundamental starke Unternehmen handelt, werden sie einen solchen Sturm überstehen. Die Kursverluste vollziehen sich in Crashs oft sehr schnell, während die Kurse im Aufwärtstrend danach länger brauchen, um sich zu erholen. Eine Hausse dauert also im Regelfall länger als eine Baisse. Schau dir dazu einfach mal ein paar Charts an und analysiere, wie sich die Kurse beispielsweise beim Platzen der Dotcom-Blase und während der Finanzkrise verhalten haben.

Nachfolgend ein kurzes Beispiel der Alphabet-Aktie (also der Aktie des Google-Mutterkonzerns). Du siehst, dass der Kurs der Alphabet-Aktie während der Finanzkrise von circa 350 Dollar auf circa 150 Dollar fiel, während sich die Fundamentaldaten des Unternehmens überhaupt nicht verschlechtert hatten, sondern das Wachstum weiter fortgesetzt werden konnte. Der Kurs fiel also um ungefähr 57 Prozent, während das Unternehmen fortlaufendes Wachstum verzeichnen konnte. Du solltest eine Baisse also nicht als düstere Zeit, sondern als günstige Einstiegschance sehen.

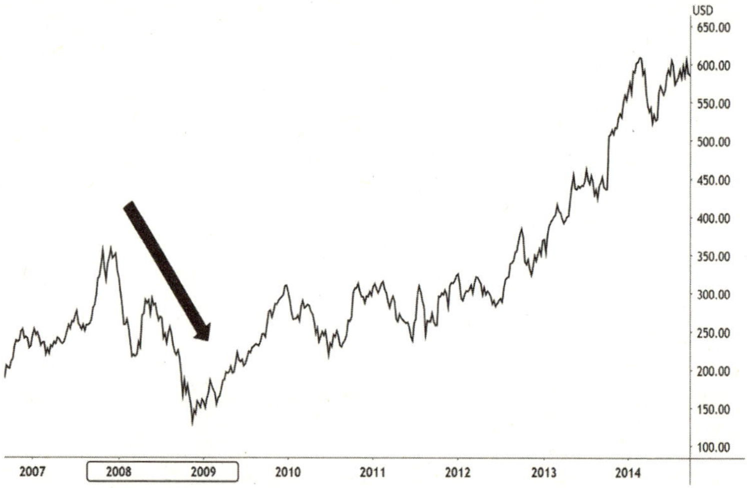

Chart von Alphabet Inc., 2007 bis 2014, Quelle: TradingView.com

Zeitraum: 2007 - 2012

GuV/Bilanz in Mio. USD nach US GAAP - Geschäftsjahresende: 31.12.						
	2007	2008	2009	2010	2011	2012
▸ Umsatz	16.594	21.796	23.651	29.321	37.905	50.175
▸ Operatives Ergebnis (EBIT)	5.084	6.632	8.312	10.381	11.742	12.760
Finanzergebnis	589,60	-778,40	69,00	415,00	584,00	626,00
▸ Ergebnis vor Steuer (EBT)	5.674	5.854	8.381	10.796	12.326	13.386
Steuern auf Einkommen und Ertrag	1.470	1.627	1.861	2.291	2.589	2.598
Ergebnis nach Steuer	4.204	4.227	6.520	8.505	9.737	10.788
▸ Jahresüberschuss/-fehlbetrag	4.204	4.227	6.520	8.505	9.737	10.737

Fundamentaldaten von Alphabet Inc., Quelle: www.ariva.de

Fazit

Es freut mich sehr, dass du das Buch gelesen hast. Ich denke, du hast nun in wenigen Stunden eine Menge über die Börse und besonders über Aktien gelernt. Du hast jetzt eine solide Basis, um erfolgreich mit dem Aktienhandel und dem Aufbau deines Vermögens zu beginnen.

Ich schreibe diese letzten Worte gerade auf der afrikanischen Insel Sansibar. Auf dem fast zweistündigen, abenteuerlichen Weg zum Hotel wurde mir noch einmal einiges klar. Die Fahrer kennen keine Verkehrsregeln, am Straßenrand liegt Müll und man sieht Armut, Armut, Armut. Die Schulen sehen genauso aus, wie man sie aus Dokumentationen kennt, die Kinder spielen im Matsch oder kicken mit aus Plastikmüll gebastelten Bällen herum. Ab und zu gehen Hühner, Kühe oder Ziegen über die Straße. Die Häuschen haben größtenteils keine Fenster, die Dächer bestehen aus rostigen Blechen. »We are different«, sagte der Taxifahrer. Nach zwei Stunden Fahrt kommt man als Tourist dann in seinem top gepflegten Luxusresort an und genießt fließend Wasser, All-inclusive-Angebote, besten Service und einen traumhaften Privatstrand. Nach einigen Tagen bin ich mit meiner Familie mit einem Einheimischen in das nahegelegene Dorf Nungwi gegangen und haben dort erneut einige Eindrücke sammeln können. Wir tranken Tee mit Einheimischen, gingen in eine Schildkrötenfarm, eine Rettungsstation für gefährdete Tiere und tanzten mit den einheimischen Kindern auf der Straße. Das

Lachen dieser Kinder und der gesamte Tag waren bisher einer meiner wertvollsten Erfahrungen im Leben.

Mir wurde dabei klar, welches starke »Warum« ich für meine Geldanlage entwickelt habe. Natürlich ist ein Grund dafür, solche Urlaube mit meiner Familie oder meinen besten Freunden genießen zu können. Die Strände hier auf Sansibar sind atemberaubend und alle Menschen unfassbar freundlich. Doch ein weiterer, für mich sehr wichtiger Grund, besteht darin, dankbar zu sein und den Menschen, die weniger haben als wir, etwas zurückgeben zu können. Das kann in Form von Spenden über eine seriöse Organisation laufen oder ein direktes Geschenk an die Menschen sein, die ich im Urlaub selbst treffe.

Geld an sich ist nichts Schlechtes. Es kommt darauf an, wie das vorhandene Kapital eingesetzt wird. Zudem ist Geld nicht das Wichtigste, wird aber zum wichtigsten Thema im Leben, wenn man Geldprobleme hat. Es ist nun mal so, dass viele Probleme mit Kapital gelöst werden können. Lass es also gar nicht erst so weit kommen. Bau dir ein Vermögen auf – und du brauchst dir keine Sorgen mehr über dieses Thema zu machen. Geld sollte nur ein Mittel zum Zweck sein, ein Werkzeug, mit dem du dir deine Träume erfüllen oder deine Mitmenschen unterstützen kannst.

Jeder will etwas sein, keiner will etwas werden.

Johann Wolfgang von Goethe

Die meisten Menschen wollen im Hier und Jetzt leben und nichts sparen. Sie machen Konsumschulden, um sich ihre Träume schon heute zu erfüllen, und rauben sich daher jegliche Motivation. Unsere Gesellschaft versucht durchweg, die Wirtschaft anzukurbeln. Das geschieht, indem Menschen konsumieren, also Dinge kaufen. Du solltest deinen Konsum etwas zurückfahren und einen Teil deines Einkommens investieren, um deine eigene finanzielle Situation anzukurbeln. Durch Überkonsum oder Konsumschulden baust du dir kein Vermögen auf. Wir benötigen die wenigsten Dinge wirklich. Dass wir sie unbedingt benötigen, sagen wir nur, um unsere Ausgaben vor uns selbst zu rechtfertigen. Am Ende des Monats haben viele ihr ganzes Einkommen ausgegeben, ohne etwas zu sparen. Daher solltest du dir unbedingt am Anfang des Monats einen gewissen Betrag beiseitelegen. Du wirst lernen, mit etwas weniger Geld auszukommen, und langfristig dafür belohnt werden. Weniger ausgeben, als du einnimmst – klingt nicht gerade sensationell und neu – es ist aber ein essenzieller Punkt im Prozess des Vermögensaufbaus.

Unser Lebensstandard passt sich immer unmittelbar unserem Einkommen an. Verdienen wir mehr, so passen wir auch unseren Standard nach oben an. Um diesen Anstieg der Ausgaben zu vermeiden, kannst du beispielsweise eine Gehaltserhöhung gedanklich halbieren. 50 Prozent der Erhöhung zahlst du direkt auf dein Investmentkonto ein. Das funktioniert sehr gut, da du dich in diesem Moment noch nicht an dein höheres Einkommen gewöhnt und deinen Lebensstandard noch nicht entsprechend angepasst hast. So hast du also monatlich mehr Geld zur Verfügung, sparst aber auch einen höheren Betrag.

Wir leben in einer wahnsinnig schnelllebigen Welt. Wenn du etwas essen möchtest, bestellst du innerhalb weniger Sekunden bei Lieferando. Per WhatsApp kannst du deine Freunde stets auf dem Laufenden halten, wo du dich gerade befindest und nahezu in Echtzeit mit ihnen kommunizieren. Bei Tinder wischen wir schnell nach links oder rechts, je nachdem ob uns eine Person gefällt, und finden so innerhalb weniger Sekunden unseren möglichen Lebensgefährten. Gut, bei Tinder wahrscheinlich eher jemanden für eine Nacht. Benötigen wir irgendetwas dringend, wird unsere Lieferung über Amazon Prime schon am nächsten Tag zugestellt. In einer solchen Welt ist es oft schwer, geduldig zu sein. Wir dürfen dennoch bei der Geldanlage den langfristigen Fokus nicht aufgrund kurzfristiger Probleme verlieren. Geduld und Disziplin sind eine der Kernkompetenzen für die Aktienanlage.

Vielen Dank, dass du dieses Buch gelesen hast. Ich hoffe, es hat dir persönlich weitergeholfen und dich in puncto finanzielle Bildung weitergebracht. Ich wünsche dir Gesundheit und allen Erfolg der Welt. Auf dass du vermögend wirst und mit deinem Kapital positive Dinge in der Welt bewirkst.

Beste Grüße
Timo

Wichtige Begriffe an der Börse

Aktienrückkauf	Das Unternehmen erwirbt Wertpapiere von Aktionären zurück.
Aktiensplit	Die Anzahl an kaufbaren Aktien wird erhöht (Vervielfältigung der Wertpapiere). Das Unternehmen gibt das Splitverhältnis, zum Beispiel 1:2, bekannt. Du hast dann doppelt so viele Aktien von diesem Unternehmen im Depot, der Wert je Aktie wird jedoch auch halbiert, sodass es insgesamt keinen Einfluss auf dein Vermögen gibt. Gegenteil = Aktienzusammenlegung
BaFin	Bundesanstalt für Finanzdienstleistungsaufsicht; Behörde, welche die Finanzmärkte Deutschlands kontrolliert und versucht, Verstöße zu verhindern
Baisse/ Bärenmarkt	Anhaltend fallende Börsenkurse, Abwärtstrend
Benchmark	Vergleichswert

Blue Chips	Aktien von umsatzstarken, großen oder führenden Unternehmen. Auch Standardwerte genannt
Briefkurs	Kurs, zu dem ein Wertpapier zum Kauf steht
Diversifikation	Verteilung beziehungsweise Streuung des Vermögens auf mehrere Anlageobjekte
Geldkurs	Kurs, zu dem ein Wertpapier zum Verkauf steht
Hausse/ Bullenmarkt	Anhaltend steigende Börsenkurse, Aufwärtstrend
IPO	Initial Public Offering: Börsengang, erste Platzierung von Unternehmensanteilen an einer Börse
KCV	Kurs-Cashflow-Verhältnis (Aktienkurs geteilt durch operativen Cashflow pro Aktie)
KGV	Kurs-Gewinn-Verhältnis (Aktienkurs geteilt durch Gewinn pro Aktie)
KUV	Kurs-Umsatz-Verhältnis (Aktienkurs geteilt durch Umsatz pro Aktie)
Markt-kapitalisierung	Der Börsenwert des Unternehmens (Anzahl Aktien x aktueller Aktienkurs)

Mid Caps	Aktien von Unternehmen mit mittelhohem Börsenwert, der niedriger ist als bei Blue Chips. Auch bekannt als Nebenwerte, deren Marktkapitalisierung zwischen 250 Millionen und 1 Milliarde Euro liegt.
Penny Stocks	Unternehmen, deren Aktien in lokaler Währung nicht mehr als eine Einheit wert sind (zum Beispiel 1 Euro). In den USA liegt die Pennystock-Grenze bei 5 Dollar.
Rendite	Ertrag, den angelegtes beziehungsweise investiertes Kapital innerhalb eines bestimmten Zeitraumes erwirtschaftet
Small Caps	Aktien von kleinen börsennotierten Unternehmen mit einem Wert von unter 250 Millionen Euro. Auch Small Caps werden als Nebenwerte bezeichnet.
Spread	Differenz von Geld- zu Briefkurs
Swap	Tauschgeschäft zwischen zwei Parteien über zukünftige Zahlungsströme, üblich vor allem bei ETFs
Thesaurierend	Nicht ausschüttend, Gewinne werden nicht ausgeschüttet, sondern verbleiben im jeweiligen Fonds oder ETF
Volatilität	Intensität von Preisschwankungen beziehungsweise Börsenkursen

Nützliche Links

www.finanzen.net
News, Fundamentaldaten, Analysen etc.

www.finanzen100.de
News, Fundamentaldaten, Analysen etc.

www.tradingview.com
Chartanalyse / Technische Analyse

www.leitzinsen.info
Die Leitzinsen im Überblick

https://www.bundestag.de/resource/blob/409652/69ed4dc7fa37c7fa3158d8b5ce274584/wd-4-075-09-pdf-data.pdf
Verlauf der Finanzkrise 2008

https://service.destatis.de/bevoelkerungspyramide/
koordinierte Bevölkerungsvorausberechnung für Deutschland

www.dai.de
Veranstaltungen, Presse und Statistiken über Aktien

www.timoklein.net
kostenfreies Aktienbewertungstool

Erfolgreich an der Börse

Werner Kurzawa

Die Börse ist für viele noch immer ein Buch mit sieben Siegeln: spannend, aber schwer zu durchschauen, gewinnträchtig, aber zugleich höchst spekulativ. Welche Anlagemöglichkeiten eignen sich für Einsteiger? Wie komme ich an die nötigen Informationen über Unternehmen? Und wie eröffne und manage ich überhaupt ein Depot?

Damit der Einstieg als Anleger gelingt, zeigt der Wirtschaftsjournalist und frühere Fondsmanager Dr. Werner Kurzawa in diesem praxisnahen Buch dem Leser Schritt für Schritt das Einmaleins des erfolgreichen Spekulierens.

352 Seiten | Hardcover | 22,99 € (D) | 23,70 € (A) | ISBN 978-3-95972-453-1

Das wirkliche Erfolgsgeheimnis von Jung-Millionären

Torben Käselow

Torben Käselow stammt aus einfachen familiären Verhältnissen, die Schule brach er nach der 12. Klasse ab. Trotzdem gelang es ihm, mit gerade mal 27 Jahren finanziell vollständig unabhängig zu sein.
In diesem Buch zeigt er nicht nur, wie er so früh im Leben die finanzielle Unabhängigkeit erreichen konnte, sondern gibt Ihnen auch einen praktischen Leitfaden an die Hand, wie Sie dieses Ziel erreichen können.

208 Seiten | Hardcover | 19,99 € (D) | 20,60 € (A) | ISBN 978-3-89879-895-2

Was ich mit 20 Jahren gerne über Geld, Motivation, Erfolg gewusst hätte

Mario Lochner

Viele plagen sich lange Jahre im Beruf, um dann festzustellen, dass sie doch nicht das tun, was sie erfüllt und womit sie erfolgreich sind. Mario Lochner weist den Weg zur Überholspur im Leben. Im ersten Teil des Buches geht es darum, wie man seine persönliche Motivation im privaten und beruflichen Bereich findet. Im zweiten Teil gibt der Autor Ihnen die Erfolgswerkzeuge an die Hand, die Sie maßgeschneidert für sich anwenden können. Im dritten Teil schließlich geht es darum, wie Sie mit nur wenigen Stunden pro Jahr ein finanzielles Fundament für die Rente aufbauen.

304 Seiten | Softcover | 16,99 € (D) | 17,50 € (A) | ISBN 978-3-95972-277-3

Was ich meinem 18-jährigen Ich raten würde

Dirk Kreuter

»Dirk! Wenn du noch mal 18 wärst, was würdest du tun? Was würdest du deinem 18-jährigen Ich raten?« Diese Frage wurde Bestsellerautor und Top-Verkaufstrainer Dirk Kreuter so oft gestellt, dass er beschloss, dazu ein YouTube-Video aufzunehmen. Die riesige Resonanz führte dazu, dass er darauf basierend dieses Buch schrieb, mit dem Ziel, Orientierung und Handlungshilfen für beruflichen und privaten Erfolg zu geben. Hier gibt er wertvolle Hilfestellung zu Persönlichkeitsentwicklung, Karriere sowie finanzieller Unabhängigkeit.

224 Seiten | Hardcover | 19,99 € (D) | 20,60 € (A) | ISBN 978-3-95972-345-9

Finanzielle Intelligenz

Niclas Lahmer

Junge Menschen lernen an Deutschlands Schulen und Universitäten auch heute noch die Wahrheiten von gestern, statt in einer Zeit des völligen Wandels das Wissen vermittelt zu bekommen, das sie wirklich für finanziellen Erfolg brauchen.
Niclas Lahmer erläutert anschaulich, was es bedeutet, finanziell intelligent zu handeln. Er zeigt neue Wege auf, wie finanzielle Chancen entstehen, wie Geld für Sie arbeiten kann und wie Sie finanziell erfolgreich werden.

176 Seiten | Hardcover | 17,99 € (D) | 18,50 € (A) | ISBN 978-3-95972-102-8

Gutes Gewissen und dennoch erfolgreich

Beate Sander

Seit Greta Thunberg und der Friday-for-Future-Bewegung steht der Klimawandel verstärkt im Fokus. Damit wird das Thema Nachhaltigkeit auch für die Geldanlage immer wichtiger. Doch welche Investments sind wirklich nachhaltig und wie findet man die richtigen Produkte?
Bestsellerautorin Beate Sander zeigt nicht nur, wie sich nachhaltige Geldanlage mit Aktien, Fonds und ETFs umsetzen lässt, sondern auch, warum Aktien von Unternehmen, die ethisch verantwortungsvoll und nachhaltig wirtschaften, die beste Unterstützung für eine umweltfreundliche Welt sind.

MONEYMAKERS

Aya Jaff

MONEYMAKERS zeigt, wie junge Leute den Schritt an die Börse schaffen und welche Anlagestrategien ihnen am besten zum Erfolg verhelfen. Sie erfahren, wie man im Internet nach den richtigen Informationen sucht, online investiert und welche Apps sinnvolle Begleiter sind.
MONEYMAKERS zeigt nicht nur Chancen auf, sondern erläutert anhand von Alltagsbeispielen, warum sich junge Leute mit dem Thema Wirtschaft und Börse beschäftigen sollten. Ein absolutes Must-read für junge Leute, die Börse und Co. verstehen und endlich mitmischen wollen!

240 Seiten | Softcover | 16,99 € (D) | 17,50 € (A) | ISBN 978-3-95972-022-9

Think and Grow Rich – Deutsche Ausgabe

Napoleon Hill

Über einen Zeitraum von mehr als 20 Jahren interviewte der blutjunge Napoleon Hill mehr als 500 Millionäre, unter ihnen die mächtigsten und einflussreichsten Persönlichkeiten seiner Zeit wie Thomas Edison, Alexander Graham Bell, Henry Ford, John D. Rockefeller oder Theodore Roosevelt. Die Essenz seiner Studien ist in dieses Buch eingeflossen. Herausgekommen ist eine ebenso zeitlose wie überzeugende Anleitung für persönlichen Erfolg, in der Napoleon Hill zeigt, wie man in nur 13 Schritten sein Leben verändern kann – das womöglich wichtigste Finanzbuch, das jemals geschrieben wurde.

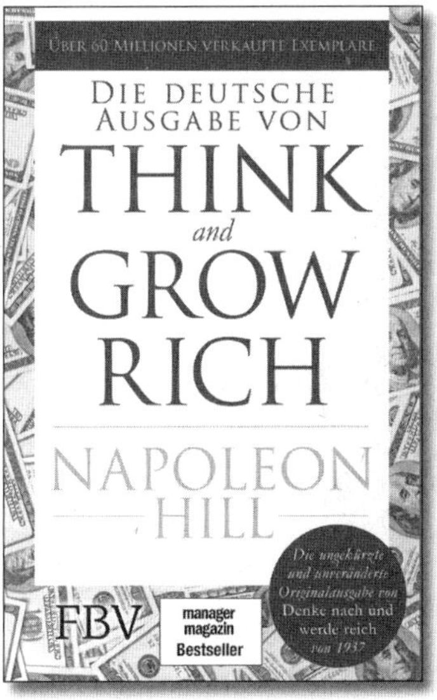

320 Seiten | Softcover | 14,99 € (D) | 15,50 € (A) | ISBN 978-3-95972-171-4

Dieses Buch ist bares Geld wert

Markus Elsässer

Als Topmanager hat Markus Elsässer viele Jahre in Asien und Australien gearbeitet, als eigenverantwortlicher Investor ist er seit mehr als 25 Jahren erfolgreich.
In diesem Buch verrät er amüsant und kurzweilig, warum man das Thema Beruf dreimal im Leben auf die Tagesordnung setzen sollte, wie man am besten Nein sagt und warum man Humor besser mit einem kleinen »h« schreibt.

208 Seiten | Hardcover | 14,99 € (D) | 15,50 € (A) | ISBN 978-3-95972-325-1